JESUS ES EL SEÑOR

SEGUNDO CATECISMO DE LA COMUNIDAD CRISTIANA

Para la catequesis de la iniciación de los niños

Aprobado por la Sagrada Congregación del Clero el 10 de septiembre de 1982

1.ª	Edición:	Junio	1982	(100.000 ejemplares)
2.ª	Edición:	Mayo	1984	(100.000 ejemplares)
3.ª	Edición:	Junio	1985	(100.000 ejemplares)
4.ª	Edición:	Junio	1986	(100.000 ejemplares)
5.ª	Edición:	Junio	1987	(100.000 ejemplares)
6.ª	Edición:	Junio	1988	(100.000 ejemplares)
7.ª	Edición:	Abril	1989	(50.000 ejemplares)
8.ª	Edición:	Junio	1989	(50.000 ejemplares)
9.ª	Edición:	Abril	1990	(100.000 ejemplares)
10.ª	Edición:	Abril	1991	(100.000 ejemplares)
11.ª	Edición:	Abril	1992	(80.000 ejemplares)
12.ª	Edición:	Mayo	1993	(50.000 ejemplares)
13.ª	Edición:	Junio	1994	(80.000 ejemplares)
14.ª	Edición:	Junio	1995	(80.000 ejemplares)
15.ª	Edición:	Abril	1996	(65.000 ejemplares)
16.ª	Edición:	Junio	1997	(50.000 ejemplares)
17.ª	Edición:	Junio	1998	(55.000 ejemplares)
18.ª	Edición:	Abril	1999	(60.000 ejemplares)
19.ª	Edición:	Mayo	2000	(48.000 ejemplares)
20.ª	Edición:	Abril	2001	(60.000 ejemplares)

- Ilustraciones: Interior: Pilar Avila.
  Portada: Miguel Angel Sánchez.
- Impreso por: Sucesores de Rivadeneyra, S. A.
- Depósito legal: M. 15.052-2001
- ISBN: 84-7141-122-9
- EDICE: Editorial de la Conferencia Episcopal Española.
  Apartado de Correos 47090. 28080 Madrid.

CONFERENCIA EPISCOPAL ESPAÑOLA

JESUS ES EL SEÑOR

EDICE. Editorial de la Conferencia Episcopal Española
MADRID - 1982

INDICACION PEDAGOGICA

Los diversos colores en que el texto aparece impreso corresponden a los siguientes contenidos:

- En negro va la narración principal catequética.
- En rojo, las fórmulas de fe y nociones clave, destinadas a ser aprendidas de manera más precisa.
- En azul, notas aclaratorias y complementos religioso-culturales.

Vosotros sois los hijos más pequeños en esta gran familia que formamos todos los discípulos de Jesús.

Por eso, nosotros, que somos vuestros padres y hermanos mayores en esta familia que es la Iglesia, queremos que crezcáis y lleguéis a ser amigos fieles de Jesús.

Para ayudaros hemos preparado este catecismo. «Jesús es el Señor» es el título de este pequeño libro, porque aquí podréis aprender, cada día mejor, que Jesús es Nuestro Señor, y que es El quien nos ha enseñado que somos hijos de Dios y que el Espíritu Santo nos reúne y nos hace pensar lo mismo y amarnos con un solo corazón.

Poco a poco, iréis dándoos más cuenta de cómo vivimos los cristianos la Eucaristía que Jesús nos mandó celebrar. Y, un día, os acercaréis, con los mayores, a comer su Cuerpo. Ese día será un gran acontecimiento en nuestra comunidad porque son *dichosos los llamados a la Cena del Señor*. Con este libro queremos ayudaros también a comprender la importancia de esa fiesta.

Con todo cariño, os dedicamos el Catecismo «*Jesús es el Señor*».

VUESTROS OBISPOS

Hemos sido bautizados en el nombre del Padre y del Hijo

Cristiano

¿Qué quiere decir cristiano?
Cristiano quiere decir
discípulo de Jesucristo.

¿Quién es discípulo de Jesucristo?
Es discípulo de Jesucristo
quien sigue a Jesús porque
cree en El y ha recibido
su Bautismo.

Nuestros padres nos han contado
que, al poco tiempo de nacer,
recibimos el santo Bautismo.

El día que nos bautizaron,
los discípulos de Jesús
nos acogieron con mucha alegría
en la gran familia de los cristianos,
que es la Iglesia.

Para celebrar el Bautismo
las familias van al templo
llevando a los niños que quieren bautizar.
El sacerdote recibe a todos
y los invita a celebrar una gran fiesta.

El sacerdote pregunta a los padres
qué nombre han escogido para sus hijos.
Entonces, llamando a éstos por su nombre, dice:
«*Pedro, María, Santiago, Teresa...*
la comunidad cristiana os recibe con alegría».

Señor, tú me conoces
y me llamas por mi nombre.
Gracias, Señor.

y del Espíritu Santo

Después, el sacerdote, los padres y padrinos
hacen la señal de la Cruz en la frente del niño.

Esta señal es muy querida por los cristianos
porque en la Cruz murió Jesús
por amor a nosotros.

A continuación se lee la Palabra de Dios.
Escuchamos lo que Jesús nos dice:

«Id por el mundo
y haced discípulos míos a todos los hombres,
bautizándolos en el nombre del Padre
y del Hijo
y del Espíritu Santo».

(Cfr. Mateo 28, 19)

Iglesia

Iglesia es la gran familia de los que seguimos a Jesús.
Llamamos también *iglesia* o *templo* al lugar donde nos reunimos
los cristianos para celebrar la Santa Misa y los Sacramentos,
para orar y para ser instruidos en la fe.

Padrinos

Antes del Bautismo los padres de los niños
eligen a uno o dos cristianos para que,
si es necesario, les ayuden a educar
en la fe a sus hijos. A esos cristianos
les llamamos padrinos (madrina, si es mujer; padrino, si es hombre).

Damos gracias a Jesús
porque nos llamó a ser sus
discípulos y le pedimos que todos
los niños lleguen a conocerlo.
El dijo: «que los niños se acerquen a mí».

(Marcos 10, 14)

Después de la lectura
de la Palabra de Dios,
los padres llevan a sus hijos
a la pila
o fuente bautismal
donde está
preparada el agua,
y, en voz alta,
piden que sus hijos
sean bautizados
en la Iglesia.
Manifiestan
que están dispuestos a
enseñarles:
a conocer el Evangelio,
a rezar
como discípulos de Jesús
y a vivir como El vivió.

Y entonces el sacerdote baña al niño
derramando agua sobre su cabeza,
mientras dice estas palabras:

«Pedro, María, Santiago, Teresa...
Yo te bautizo en el nombre del Padre
y del Hijo
y del Espíritu Santo».

Bautismo

¿Qué sucede en el Bautismo?

Confesar o profesar la fe cristiana

¿Qué es confesar la fe cristiana?

Confesar o profesar la fe cristiana,
es decir, en voz alta, ante la Iglesia,
que creemos en Dios Padre,
en su Hijo Jesucristo
y en el Espíritu Santo.

También profesamos la fe cristiana
cuando, ante los demás hombres,
decimos que somos cristianos
y vivimos como discípulos de Jesús.

Al terminar la celebración del Bautismo,
el sacerdote entrega a los padres de cada niño
una vela encendida.
Esa luz significa la luz de Jesús.
Jesús dijo un día: **«Yo soy la luz del mundo».**

(Juan 8, 12)

También nosotros llevamos tu resplandor al mundo, para que los hombres no anden a oscuras.

Jesús, tú eres la luz de nuestra vida.
Luz santa y fuente de gozo.

Por el Bautismo,
Dios Padre nos hace hijos suyos
y discípulos de Jesús,
y nos da el gran regalo del Espíritu Santo.

Por el Bautismo,
entramos a formar parte de la Iglesia,
la gran familia de los que siguen a Jesús.

En el Bautismo,
somos lavados del pecado original,
morimos a todo pecado,
y nacemos a una vida nueva.

El día de nuestro Bautismo
el sacerdote, en nombre de la Iglesia,
dijo a nuestros padres y padrinos:

«Confesad vuestra fe en Cristo Jesús
que es la fe de la Iglesia».

ESTA ES NUESTRA FE,
ESTA ES
LA FE DE LA IGLESIA

Hoy el sacerdote, en nombre de la Iglesia,
nos dice también a nosotros
que confesemos esta misma fe.

Nos pregunta:

— **¿Creéis en Dios Padre Todopoderoso,
Creador del cielo y de la tierra?**

— **Sí, creo.**

— **¿Creéis en Jesucristo,
su único Hijo,
nuestro Señor,
que nació de Santa María Virgen,
murió,
fue sepultado,
resucitó
y está sentado
a la derecha de Dios Padre?**

— **Sí, creo.**

— **¿Creéis en el Espíritu Santo,
la Santa Iglesia Católica,
la comunión de los Santos,
el perdón de los pecados,
la resurrección de los muertos
y la vida eterna?**

— **Sí, creo.**

Creación

¿Qué quiere decir que Dios es
Creador de cielo y tierra?

Quiere decir
que el mundo en el que vivimos
y todo lo que hay en él
ha sido hecho por Dios.
Lo más importante que Dios ha creado
es el hombre: lo ha hecho
a su imagen y semejanza.

¿Quién nos ha enseñado mejor
que nadie a conocer a Dios?

Jesús nos ha enseñado mejor
que nadie a conocer a Dios.
Con sus obras y sus palabras,
Jesús nos hace ver
cuánto nos ama Dios,
que quiere que le llamemos Padre
y seamos de verdad sus hijos.

Dios, Creador de cielo y tierra,
y Padre de Nuestro Señor Jesucristo,
es misericordioso y fiel.
Es cariñoso con todas sus criaturas
pero, sobre todo, siente una gran ternura
por los hombres.
Nos ama tanto que, en el Bautismo,
nos da la vida nueva
por su Hijo Jesús.

«Mirad qué amor nos ha tenido Dios Padre
para llamarnos hijos de Dios, pues,
¡lo somos!».

(1 Juan 3, 1)

¡Qué amor tan grande nos tiene Dios Padre!
Nos ha dado un camino para llegar hasta El
y ese camino es Jesús, su Hijo.
Gracias a El podemos vivir como hijos de Dios.

¡Queremos conocer a Jesús!

Sí, nos gustaría conocer a Jesús,
conocerle de verdad:
escucharle con nuestros oídos,
verle con nuestros ojos,
tocarle con nuestras manos.

¿Cómo podremos hoy conocer a Jesús?
Nos lo enseña la Iglesia.
Ella nos descubre
que Jesús es la luz, la alegría,
la fuerza, la paz,
el alimento de nuestra vida.
Con todos los cristianos,
nosotros podremos decir también:

«Jesús es el Señor».

Primera parte:

QUEREMOS CONOCER A JESUS

Jesús, el Hijo de Dios, vivió con los hombres

1 El pueblo de Israel esperaba al

Hace mucho tiempo,
Dios se fijó en un pueblo pequeño y oprimido,
que se llamaba Israel.

Quiso librarlo de sus enemigos
y le prometió ser siempre su aliado.

Por esto escogió a unos hombres
que ayudaron a ese pueblo
a mantener viva la esperanza de su salvación.

Por último, Dios prometió que mandaría,
a su propio Hijo, como Mesías,
para salvar y dar la libertad al pueblo.

Por eso Israel
vivía esperando
al Enviado de Dios.
Sabía que Dios siempre cumple lo que promete.

Mesías

Jesús es el Mesías.
Esta palabra quiere decir: el último Enviado de Dios.

Enviado de Dios

El pueblo de Israel gritaba a Dios en su oración:

Pastor de Israel,
¡escúchanos y ven a salvarnos!

Oh Dios,
¡muéstranos tu luz más brillante que el sol
y seremos salvados!

¿Hasta cuándo, Señor, vas a estar escondido
mientras tu pueblo te suplica lleno de tristeza?

Oh Dios,
¡muéstranos tu luz más brillante que el sol
y seremos salvados!

(Cfr. Salmo 80)

Y Dios respondía a su Pueblo:

Pueblo mío,
mi salvación está a punto de llegar,
no te dejes vencer por la tristeza.
No tengas miedo, voy a salvarte, te haré libre.
Porque Yo, el Señor, soy tu Dios y tu Salvador.

(Cfr. Isaías 43, 3; 46, 12)

2 Jesús, el Mesías, nació en Belén y vivió en Nazaret

El ángel del Señor dijo a María:
Alégrate, María.
Dios te ha llenado de su gracia.
Vas a tener un hijo
a quien llamarás Jesús.
Y María dio a luz a su hijo
en Belén.

Dios Padre anunció a María,
por medio de un ángel,
que iba a tener un hijo
a quien llamaría Jesús.
Jesús, el Mesías, nació en Belén.

Hermanos, Cristo ha nacido
sobre un pesebre. Aleluya.
Hermanos, cantad conmigo:
Gloria a Dios en las alturas.

El corazón más perdido
ya sabe que alguien le busca.
El cielo ya no está solo,
la tierra ya no está a oscuras.

El nombre de Jesús significa *Salvador*.

Tiempo de Adviento y la Navidad

Llamamos tiempo de Adviento a las cuatro semanas anteriores a la Navidad. En ellas nos preparamos para celebrar la gran fiesta del Nacimiento de Jesús, nuestro Salvador, la Navidad.

Jesús fue a vivir a Nazaret con María y José
y allí creció, como uno de nosotros.
Jugaba con los demás niños, aprendía,
obedecía a María y José y rezaba con ellos.

Nació y vivió pobre.
Al hacerse mayor,
aprendió a trabajar con sus manos
y convivía con sus vecinos como un buen amigo:
hizo siempre lo que su Padre Dios quería de El.

¡Cristo es de nuestra familia!
¡No se avergüenza de llamarnos hermanos!
Es hombre de nuestra raza,
paisano de nuestra tierra.
Alabemos al Señor.
Bendito sea por siempre.

«Gloria a Dios en el cielo
y en la tierra paz
a los hombres que ama el Señor».

3 Jesús anuncia la Buena Noticia, el Evangelio

Cuando tenía unos treinta años,
Jesús empezó a recorrer las aldeas,
los pueblos y las ciudades de Palestina.
Anunciaba a la gente el Evangelio.

Evangelio

¿Qué quiere decir Evangelio?
Evangelio quiere decir «Buena Noticia».

¿Quién nos da esa «Buena Noticia»?
Dios Padre nos da esa «Buena Noticia».

¿Por medio de quién nos da esa «Buena Noticia»?
Por medio de nuestro Señor Jesucristo.

¿Cuál es esa «Buena Noticia»?
Que Dios nos quiere salvar a los hombres.

¡Gracias, Señor, porque Jesús nos ha enseñado estas cosas a los pequeños!

¡Gracias, Señor, porque Jesús nos ha traído tu Reino!

Padre nuestro,
¡venga a nosotros tu Reino!

ESTA ES LA BUENA NOTICIA PREDICADA POR JESUS

- **Dios es mi Padre y es también vuestro Padre.**
- **Todos los hombres sois hermanos.**
- **Este es el camino de la verdadera felicidad:**

  — Dichosos los pobres.
  — Dichosos los que tratan con amor a los demás.
  — Dichosos los que siembran la paz.
  — Dichosos los que tienen un corazón bueno y limpio.
  — Dichosos los que no se avergüenzan de ser amigos míos.
  — Dichosos aquellos que son perseguidos por causa mía.
- **Conmigo ha comenzado el Reino de Dios: ha llegado la paz, la justicia, la verdad, la vida, el amor y la Salvación.**

La comunidad de los cristianos nos sigue anunciando hoy la Buena Noticia de Jesús.

4 Jesús hace cosas admirables

En la Iglesia escuchamos la lectura de los evangelios.
Los sacerdotes, nuestros padres y catequistas
nos los explican.
En estos libros leemos que Jesús:

cura a muchos enfermos

«Al ponerse el sol,
los que tenían enfermos con el mal que fuera
se los llevaban a Jesús;
y El, poniendo las manos sobre cada uno,
los iba curando». (Lucas 4, 40)

da vida a los muertos

«Jesús tomó la mano de una niña
que acababa de morir.
Le dijo: ''Muchacha, levántate''.
La niña se levantó
y se puso a andar». (Marcos 5, 41-42)

Evangelios

¿Dónde está escrito el Evangelio o Buena Noticia?

El Evangelio o Buena Noticia está escrito en cuatro libros llamados los santos Evangelios.

«Jesús de Nazaret pasó haciendo el bien y curando a los oprimidos por el diablo, porque Dios estaba con El».

(Hechos 10, 38)

calma la tempestad

«Un día, al atardecer, Jesús dijo a sus discípulos:
Vamos a la otra orilla.
Se levantó un fuerte huracán y las olas rompían contra la barca hasta casi llenarla de agua.
El estaba a popa, dormido sobre una almohada.
Lo despertaron, diciéndole:
Maestro ¿no te importa que nos hundamos?
Se puso en pie, gritó al viento y dijo al lago:
¡Silencio, cállate!
El viento cesó y vino una gran calma.
Jesús les dijo:
¿Por qué sois tan cobardes? ¿Acaso no tenéis fe?
Se quedaron espantados y se decían unos a otros:
¿Pero quién es éste? ¡Hasta el viento y las aguas le obedecen!»

(Cfr. Marcos 4, 35-41)

Al hacer estas cosas, Jesús quería decirnos que con El ha llegado el Reino de Dios, y que creamos y confiemos en El.

¿Qué encontramos escrito en los santos Evangelios?

Encontramos escrito lo que sucedió a Jesús, las palabras que dijo y las cosas que hizo.

¿Cuáles son los títulos de los cuatro Evangelios?

Los títulos de los cuatro Evangelios son:

1. Evangelio según San Mateo.
2. Evangelio según San Marcos.
3. Evangelio según San Lucas.
4. Evangelio según San Juan.

Jesús pasa por el mundo haciendo el bien:

ama a los pobres,
se compadece de los que sufren,
perdona a los que han pecado.

«Una vez Jesús vio una multitud
y le dio lástima de ellos,
porque andaban como ovejas sin pastor».

(Cfr. Marcos 6, 34)

«Un día Jesús dijo:
Yo he sido enviado para anunciar el Evangelio a los pobres».

(Cfr. Lucas 4, 18)

«Unos pecadores se sentaron a la mesa
con Jesús y sus discípulos.
Algunos, al ver que comía con ellos,
dijeron a los discípulos:
¡De modo que Jesús come con los pecadores!
Jesús los oyó y les dijo:
No necesitan médico los sanos, sino los enfermos».

(Cfr. Marcos 2, 15-17)

Jesús acoge a los pobres, a los que sufren y a los que han pecado, porque es misericordioso como Dios, su Padre, que ama a los pobres y perdona a los que se alejan de El.

¿Podemos llamar a Dios Padre nuestro?

Sí, podemos llamarle Padre nuestro, porque, gracias a Jesús, Dios nos ha adoptado como hijos suyos.

¿Podemos atrevernos a hablar con Dios Padre?

Sí, podemos atrevernos a hablar con Dios nuestro Padre. Jesús mismo nos lo mandó y para eso nos enseñó el Padrenuestro.

¿De qué manera podemos hablar con Dios en la oración?

Podemos hablar con Dios en la oración de muchas maneras: dándole gracias, alabándole, pidiéndole cosas, estando en silencio delante de El, adorándole.

Jesús habla con Dios, su Padre

Jesús conoce mejor que nadie el amor fiel de Dios.
Lo sabe porque nadie conoce mejor el corazón de un Padre que su propio Hijo. Nadie como El lo ha tratado con tanta confianza.

Pasa mucho tiempo hablando con Dios, su Padre,
y, en su oración, de madrugada,
al caer la noche,
en medio de las tareas de cada día,
Jesús escucha a su Padre y habla con El,
le da gracias,
le alaba,
se queja y se alegra en su presencia.

5 Jesús dice: «Ven y sígueme»

Mientras Jesús vivió aquí en la tierra
llamó a algunos a vivir como El. Decía:

«Ven y sígueme».

Algunos no se atrevían a seguir a Jesús
y se iban tristes.

Pero otros se fiaban tanto de su palabra
que lo dejaban todo y le seguían.
Estos se llenaban de alegría
porque habían encontrado un tesoro:
el Reino de Dios.

Jesús les enseñaba mucho mejor
que los maestros y los sabios de Israel,
porque conocía a fondo lo que Dios quiere de los hombres.

Los Diez Mandamientos

El Antiguo Testamento nos cuenta que Moisés, al dar al pueblo los Mandamientos de Dios, dijo:
Recordad siempre estas palabras. Seguid siempre el camino que Dios os ha señalado.
Si lo hacéis así viviréis felices.

Estos son los Mandamientos de Dios. Recuérdalos. No los olvides:

1. Nuestro Dios es el único Dios, el único que crea y salva. Amarás a Dios sobre todas las cosas: lo amarás con todo tu corazón, con toda tu alma y con toda tu fuerza.
2. No tomarás el nombre de Dios en vano.
3. Santificarás las fiestas.
4. Honrarás a tu padre y a tu madre.
5. No matarás.
6. No cometerás actos impuros.
7. No robarás.
8. No dirás falso testimonio ni mentirás.
9. No consentirás pensamientos ni deseos impuros.
10. No codiciarás los bienes ajenos.

¿Qué quiere Dios de los hombres?
Una vez un hombre preguntó a Jesús:
¿Cuál es el mandamiento de Dios más importante?
Jesús le contestó:

> **«El mandamiento más importante es:**
> **amarás al Señor tu Dios,**
> **con todo tu corazón, con todas tus fuerzas.**
> **El segundo mandamiento es parecido:**
> **amarás a tu prójimo como a ti mismo.**
> **En esto se resumen todos los mandamientos».**
>
> (Cfr. Marcos 12, 28-31)

Sagrada Escritura

¿Qué es la Sagrada Escritura? La Sagrada Escritura o Biblia, es el conjunto de libros que nos cuentan la historia del amor de Dios a los hombres; es decir, lo que Dios ha hecho y dicho para nuestra salvación.

¡Es Palabra de Dios!

Antiguo y Nuevo Testamento

La Biblia tiene dos partes:

Antiguo Testamento y
Nuevo Testamento.

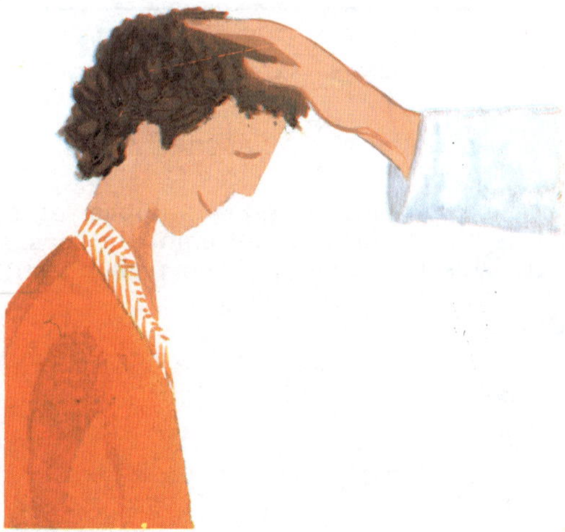

Y hasta tal punto amó Jesús a los hombres
que dio su vida por ellos:
y así nos enseñó cómo quiere Dios
que los cristianos amemos al prójimo.

Prójimo

Esta palabra quiere decir: «alguien que está cerca». Todos los hombres somos prójimos unos de otros.

Debemos estar cerca de los demás porque todos somos hermanos, hijos del mismo Padre Dios.

«El que diga: 'amo a Dios', pero no ama a su hermano, es un mentiroso; porque quien no ama a su hermano, al que ve, no puede amar a Dios, a quien no ve.»

(1 Juan 4, 20)

Moisés

Es el primer jefe de Israel.
Fue muy amigo de Dios.
Por medio de Moisés, Dios dijo a los israelitas:
«Yo seré vuestro Dios
y vosotros seréis mi pueblo.»

¿Cuál es el mandamiento nuevo de Jesús?

Este es el mandamiento nuevo de Jesús:

> **«Amaos unos a otros como yo os he amado.**
> **En esto conocerán todos**
> **que sois mis discípulos,**
> **si os amáis unos a otros».**
> (Juan 13, 34-35)

Muchas otras cosas enseñaba Jesús a las gentes y sigue enseñando hoy:

- **«Dios Padre es Señor de cielo y tierra:**
  A El sólo adorarás.
  No podéis servir a Dios y al dinero».
- **«Sólo Dios es bueno:**
  Hace salir el sol sobre buenos y malos.
  Perdonad siempre:
  Así lo hace Dios vuestro Padre».
- **«Portaos con los demás**
  como queréis que los demás se porten con vosotros».
- **«Amad a vuestros enemigos».**
- **«El que quiera ser más importante entre vosotros que se ponga al servicio de todos».**

Estas cosas que Jesús pide
son difíciles de cumplir.
Un día Jesús puso esta comparación:

**«El Reino de Dios se parece a un tesoro
que estaba escondido en un campo.
Un hombre lo encontró.
Lo volvió a esconder y... ¡lleno de alegría!
se fue corriendo a vender todo lo que tenía
y compró el campo del tesoro».**

(Cfr. Mateo 13, 44)

Cuando el discípulo de Jesús
descubre el tesoro del Reino de Dios
se alegra tanto que lo deja todo
para conseguirlo.

¿Qué es seguir a Jesús?

**Seguir a Jesús
es responder a su llamada,
fiarnos de su palabra,
y caminar como El caminó
para poder recibir el Reino de Dios
que El nos trae.**

6 Jesús es un hombre como nosotros

Los discípulos de Jesús sabían
que El era hijo de María
y vecino de Nazaret,
un hombre como ellos.

Jesús se fatigaba, tenía sueño y dormía,
tenía hambre y sed,
lloraba y se alegraba como los demás hombres.

Jesús se fatigó y tuvo sed

Jesús hizo un viaje muy largo a pie.
Era mediodía y hacía mucho calor.
Cansado de caminar
se sentó junto a un pozo.
Llegó entonces una mujer a sacar agua
y Jesús le dijo:
«Dame de beber porque tengo sed».

(Cfr. Juan 4, 3-4; 6-7)

Jesús lloró

Cuando murió su amigo Lázaro,
Jesús sintió mucha pena
y se echó a llorar.
La gente, al ver a Jesús llorando, decía:
¡Cuánto quería a su amigo!

(Cfr. Juan 11, 33; 35-36)

Jesús sintió hambre

Un día, yendo a Jerusalén por la mañana temprano,
Jesús sintió hambre.
Vio de lejos una higuera
y se acercó a ella para buscar higos
y comer algo.

(Cfr. Marcos 11, 12-13)

Jesús sintió gozo y alegría

Unos discípulos de Jesús fueron un día a predicar
y volvieron muy alegres.
Jesús, entonces, se llenó también de alegría
y dio gracias a su Padre Dios diciendo:

«Yo te bendigo, Padre,
Señor del cielo y de la tierra».

(Cfr. Lucas 10, 17; 21; Mateo 11, 25)

Nos buscaste, Jesús, por los caminos,
los pies llenos de polvo, te cansaste.
Sentiste el peso de la oveja encima
y te sentaste bajo el sol ardiente.
Tenías sed, pediste beber agua
y te ofrecimos el vaso que teníamos.
Reanudaste el viaje.
Por la tarde,
tus manos se acercaron al dolor
y a la fiebre
y los curaste.
Al esconderse el sol,
en nuestra barca,
te tumbaste cansado y te dormiste.
¡Amigo de los hombres!
¡Duerme!
¡Gracias!

Jesús tuvo sueño

Un día, al atardecer,
Jesús subió a una barca con sus discípulos.
El estaba a popa,
dormido sobre una almohada.

(Cfr. Marcos 4, 35-38)

Jesús, el Hijo de Dios,
trabajó como trabajamos los hombres,
sufrió como sufrimos los hombres
y amó con corazón de hombre.
Es uno de los nuestros:
es de nuestra raza humana.

7 ¿Quién es este hombre? El secreto de Jesús

Los amigos de Jesús,
al convivir con El,
veían que era un hombre como ellos.
Pero, poco a poco,
al ver las cosas tan admirables que hacía,
iban descubriendo
que Jesús era más importante
que los antiguos profetas
y los reyes más famosos del pueblo de Israel.

Y se preguntaban:

¿Quién es este hombre?

(Cfr. Marcos 4, 41)

Profetas

En el pueblo de Israel, los profetas eran hombres que hablaban de parte de Dios. Reprendían al pueblo porque se apartaba de Dios con sus pecados.
Le invitaban a arrepentirse y le anunciaban que Dios salvaría al pueblo por medio del Mesías.

Cuando ahora nosotros oímos las cosas
que Jesús hizo
nos preguntamos también asombrados:
¿Quién es este hombre,
de quien nos hablan los cristianos mayores?

Jesús daba a conocer poco a poco su secreto:

- Jesús lo hacía todo sin miedo
  a lo que la gente pudiera pensar de El.
- Jesús trataba a todos por igual
  y no le importaban las apariencias de las personas:
  El miraba el fondo del corazón.
- Jesús, al hablar de Dios,
  decía cosas de El que extrañaban a muchos.

La gente se preguntaba:
«¿Quién le ha enseñado estas cosas?»

Y El contestaba:
«Nadie conoce al Hijo sino el Padre
y nadie conoce al Padre sino el Hijo.
Yo hablo como mi Padre Dios me ha enseñado».

(Cfr. Mateo 11, 27; Juan 7, 16)

- Jesús se acercaba
a los que estaban lejos de Dios por sus pecados.
Comía con ellos y les perdonaba.
Algunos de sus enemigos pensaban:
«¡Eso sólo puede hacerlo Dios!»
Y, sin quererlo, decían la verdad,
porque, cuando Jesús acogía y perdonaba a los pecadores,
Dios mismo estaba perdonando.

Al ver lo que Jesús hacía y predicaba unos creían en El; otros querían matarlo porque pensaban: «Con esto que dice se está haciendo igual a Dios». Pero Jesús, aunque sabía que intentaban darle muerte, manifestaba cada vez con más claridad su secreto. Y afirmaba: «Yo soy el Hijo de Dios». Estaba dispuesto a decir la verdad hasta dar la vida por ella.

(Cfr. Juan 5, 18; 10, 36)

Jesús
murió
en la cruz
pero
ha
resucitado

8 La Ultima Cena

La Pascua de los judíos

Los judíos
se reunían para cenar juntos
en la fiesta de Pascua.

Durante la cena,
el niño más pequeño de la familia
preguntaba a su padre:
«¿Por qué celebramos esta cena?»
Y el padre explicaba:
«Celebramos esta cena para hacer una fiesta
porque Dios nos liberó y salvó
cuando éramos esclavos en Egipto».

Cuaresma

Llamamos Tiempo de Cuaresma
a los cuarenta días anteriores
a la fiesta de Pascua de Resurrección.
Durante estas semanas
Dios nos llama especialmente
a convertirnos de nuestros pecados
y a vivir como verdaderos discípulos de Jesús.

Apóstoles

¿Quiénes son los Apóstoles?

Los Apóstoles son
los doce discípulos
que Jesús escogió
para vivir con El
y predicar el Evangelio.

La Pascua de Jesús

El día antes de su muerte, también Jesús se reunió con los Apóstoles y celebró con ellos la Pascua.

Al comenzar la Cena, Jesús sabía que iba a morir, y dijo a sus discípulos:

«¡Qué deseo tan grande tengo de celebrar con vosotros esta Cena de Pascua antes de que me detengan para matarme!»

Entonces se levantó de la mesa,
se arrodilló delante de cada uno de sus Apóstoles
y les lavó los pies.

Jesús con esto nos dice:
tenéis que serviros unos a otros.

Apóstol

Apóstol quiere decir enviado.

Los nombres de los Apóstoles son

Simón Pedro, Santiago y Juan, Andrés, Felipe, Bartolomé, Mateo, Tomás, Santiago el de Alfeo, Judas Tadeo, Simón el Cananeo y Judas Iscariote.
Este último fue el que lo entregó a sus enemigos.

Lavar los pies

En aquel tiempo, sólo los criados lavaban los pies a sus señores.

Jueves Santo

Los cristianos llamamos Jueves Santo al día en que celebramos el recuerdo de la Ultima Cena de Jesús con sus Apóstoles, cuando el Señor instituyó la Eucaristía.

¿Qué hizo Jesús en la Última Cena?

Mientras cenaba con los Apóstoles,
Jesús, tomó el pan,
bendijo a Dios Padre dándole gracias,
lo partió
y se lo dio diciendo:
Tomad y comed.
Esto es mi Cuerpo.
Soy yo mismo
que me entrego por todos los hombres.

Después de cenar, tomó la Copa de vino,
bendijo a Dios, su Padre,
y la pasó a sus discípulos diciendo:
Tomad y bebed. Esta es mi Sangre
derramada por todos los hombres.
Es mi vida
que yo doy para la salvación del mundo.

Luego dijo:
Haced esto en memoria mía.

(Cfr. 1 Corintios 11, 23-25; Marcos 14, 22-25; Mateo 26, 26-29; Lucas 22, 14-15)

Entonces cantaron a Dios Padre
los himnos que tenían por costumbre.
Y Jesús añadió:
«Todo lo que a Mí me tiene que suceder
está a punto de cumplirse».

9 Pasión y muerte de Jesús

Después de la Ultima Cena,
Jesús fue a orar a un lugar tranquilo.
Estaba muy triste.
Echado en tierra, rezaba y decía a su Padre:

«Padre, me va a suceder algo terrible.
Tú lo puedes todo, ¡que no me pase nada!
Pero si quieres que suceda haré lo que Tú quieras».

Entonces vinieron unos hombres con espadas y palos y detuvieron a Jesús. Llevaron a Jesús al gobernador que se llamaba Poncio Pilato.
La gente gritaba: «¡Mátalo, crucifícalo!»

Los hombres le golpearon con látigos,
le pusieron una corona de espinas,
le pegaron bofetadas y le escupieron en la cara.

Crucifixión

Era el suplicio de los condenados a morir atados a una cruz.
En tiempo de los romanos era la condena reservada a ladrones y hombres peligrosos, sobre todo si eran esclavos.
Jesús murió clavado en la cruz.

Viernes Santo

Los cristianos llamamos Viernes Santo al día en que celebramos el recuerdo de la Pasión y Muerte de Jesús.

¿Por qué murió Jesús?

Después lo llevaron a un monte
que se llamaba Calvario.
Clavaron a Jesús en la cruz
y, crucificado, Jesús murió.

(Resumen de Marcos 14, 32-15, 37)

Jesús fue condenado a muerte porque se mantuvo fiel hasta el final a la misión que su Padre le había confiado, a pesar de las constantes amenazas de sus enemigos.
Jesús murió por salvar a todos los hombres como el amigo que da la vida por sus amigos.
Y gracias al amor con que ofreció su vida fuimos perdonados por Dios Padre.

«Si el grano de trigo cae en tierra y muere, da un fruto espléndido». (Cfr. Juan 12, 24)

Jesús,
Tú has bajado por nosotros
a lo hondo de la muerte.
Te han enterrado
como se entierra al trigo.
Y el mundo en el silencio
está esperando,
como el labrador espera
que del grano enterrado
nazca el trigo nuevo.

10 Jesús, al tercer día, resucitó de entre los muertos

¿Qué celebramos los cristianos el Domingo de Pascua?

El Domingo de Pascua los cristianos celebramos la resurrección de Jesús. Es la fiesta más grande de la Iglesia.

El domingo por la mañana, muy temprano,
cuando el sol comenzaba a brillar, María Magdalena,
Salomé y María la madre de Santiago
fueron al lugar donde Jesús había sido sepultado,
y encontraron la piedra quitada.
Entraron dentro y vieron que el sepulcro estaba vacío.
Un mensajero de Dios les dijo:
«*¿Buscáis a Jesús de Nazaret, el crucificado?*
Ha resucitado. No está aquí.»

(Resumen de Marcos 16, 1-6)

¿Es Jesús más fuerte que la muerte?

Jesús resucitado
se dejó ver, en varias ocasiones,
por los Apóstoles y otros discípulos.

¡Jesús es más fuerte que la muerte!

¡Jesús, el crucificado, ha resucitado!

¡No está en el sepulcro!

¡No hay que buscar a Jesús entre los muertos!

¡Jesús está vivo para siempre!

Después de la resurrección de Jesús,
los Apóstoles decían:

> **«Verdaderamente el Señor ha resucitado y nosotros tenemos que contar lo que hemos visto y oído».**
>
> (Cfr. Lucas 24, 34; Hechos 4, 20)

Sepulcro

En tiempos de Jesús, los judíos enterraban a los muertos en unas cuevas que se cavaban en las rocas. El sepulcro tenía como puerta

Domingo

Domingo quiere decir «Día del Señor»: Los cristianos llamamos así a este día porque en él resucitó Jesús, nuestro Salvador.

Tiempo Pascual

Llamamos Tiempo Pascual a un período de cincuenta días que comienza el Domingo de Pascua y termina el Domingo de Pentecostés.

Dentro del Tiempo Pascual, celebramos la fiesta de la Ascensión, en la que conmemoramos que Jesús ha sido glorificado en cuerpo y alma por Dios Padre y vive y reina con El para siempre.

El Apóstol Pedro predicaba a las gentes diciendo:

Dios Padre
resucitó a Jesús,
el que fue crucificado y murió en la cruz.
Dios Padre
lo liberó de la muerte y del sepulcro
y lo hizo Señor del Universo.
Ahora Jesús
vive para siempre con su Padre Dios
y nos da el Espíritu Santo,
el gran regalo que nos había prometido.
¡Jesús es el Señor!

(Resumen de Hechos 2, 22-36)

El Apóstol Pablo escribía así a los primeros cristianos:

Este es el Evangelio, la Buena Noticia
que yo recibí y que ahora os comunico:
Jesucristo murió por nuestros pecados,
fue sepultado y ha resucitado;
se dejó ver por Pedro;
después por los Doce Apóstoles
y por otros discípulos.
Más tarde también se dejó ver por mí.

(1 Corintios 15, 1. 3-5. 8)

Acuérdate de Jesucristo,
resucitado de entre los muertos.
El es nuestra salvación,
nuestra gloria para siempre.
Si con él morimos, viviremos con él;
si con él sufrimos, reinaremos con él.
En él nuestras penas, en él nuestro gozo;
en él la esperanza, en él nuestro amor.
En él toda gracia, en él nuestra paz;
en él nuestra gloria, en él la salvación.

También nosotros creemos esta gran noticia y exclamamos:

¡Aleluya, Aleluya!
Este es el día en que actuó el Señor:
sea nuestra alegría y nuestro gozo.
¡Aleluya, Aleluya!

El Apóstol Pablo

Fue un hombre llamado Saulo que perseguía a los cristianos. El Señor resucitado se le apareció; se convirtió en discípulo de Jesús, quien lo envió como Apóstol para anunciar el Evangelio a muchos pueblos.

Aleluya

Esta palabra quiere decir: ¡Alabad a Dios! Los cristianos la cantamos en nuestras celebraciones para expresar nuestra alegría y dar gracias a Dios.

Jesucristo

Este nombre quiere decir: «Jesús es el Cristo, el Mesías, el Enviado de Dios». Los cristianos empleamos muchas veces esta expresión: *Nuestro Señor Jesucristo*. Queremos decir: «Jesús, el Enviado de Dios, es Nuestro Señor y Señor de todas las cosas».

El misterio de Dios

11 El Espíritu de Dios Padre y de Jesús

Al despedirse de sus discípulos,
Jesús les dijo:
«No os dejaré huérfanos.
Yo le pediré al Padre
que os envíe el Espíritu Santo,
que esté siempre con vosotros
y os recuerde todo lo que yo os he dicho».

(Cfr. Juan 14, 18. 26)

Cuando el Señor Jesús volvió junto a su Padre Dios,
los discípulos que habían vivido con El
se reunieron para esperar el Espíritu Santo
que Jesús les había prometido.
Oraban junto a María, la Madre de Jesús.

(Cfr. Hechos 1, 14)

¿Qué celebramos los cristianos el Domingo de Pentecostés?

El Domingo de Pentecostés
los cristianos celebramos
que Jesús envió el Espíritu Santo
sobre los Apóstoles, y que nos lo
sigue enviando a nosotros.

La promesa se cumplió el día de Pentecostés.

«Llegó el día de Pentecostés.
Todos los discípulos estaban reunidos.
De repente vino del cielo un ruido,
como el soplo de un fuerte viento.
Los discípulos vieron aparecer unas llamaradas de fuego,
que se posaron encima de cada uno.
Y todos quedaron llenos del Espíritu Santo».

(Cfr. Hechos 2, 1-4)

¡Ven, Espíritu Santo,
llena de fuerza nuestros corazones,
enciende en ellos el fuego de tu amor!

¡Ven, Espíritu de Cristo,
haz de todos los hombres
el Pueblo santo de Dios!

Que nada nos distinga a unos de otros,
ni la lengua que hablamos ni el color:
una fe sola, un único Bautismo.

¡Todos uno por gracia de tu amor!

¿Qué hace el Espíritu Santo en la Iglesia?

El Espíritu Santo
da vida a la Iglesia
y la anima
para que sea una comunidad de hermanos muy unidos
y testigos de Jesús ante los hombres.

¿Cómo da vida a la Iglesia el Espíritu Santo?

El Espíritu Santo
da vida a la Iglesia
haciéndole comprender cada vez mejor lo que Jesús nos dijo
y dándole fuerza para seguir al Señor
y llevar la luz del Evangelio por todo el mundo.

¿Qué hace el Espíritu Santo en nosotros?

El Espíritu Santo,
que está dentro de nosotros,
nos hace querer ser buenos,
nos enseña muchas cosas sobre Jesús
y nos anima a dirigirnos a Dios llamándole Padre.

Oh Espíritu, desciende,
orando está la Iglesia que te espera;
visítanos y enciende,
como la vez primera,
los corazones en la misma hoguera.

12 ¡Tú eres nuestro Señor y nuestro Dios!

Cuando Dios Padre resucitó a Jesús,
el Espíritu Santo hizo comprender a los Apóstoles que

¿Es Jesús el Hijo de Dios?

Jesús es el Hijo único de Dios,
verdadero Dios como su Padre.
Por nosotros los hombres
y por nuestra salvación se hizo hombre,
naciendo de María, la Virgen.

Entonces los Apóstoles aclamaron a Jesús diciéndole:

¿Es Jesús nuestro Señor y nuestro Dios?

¡Sí, Jesús, tú eres nuestro Señor y nuestro Dios!

También nosotros le aclamamos con estas palabras:

¡Bendito seas, Jesús!
Tú eres nuestro Señor y nuestro Dios.
Te damos gracias porque has querido
que los pequeños sepamos estas cosas.

13 El Padre, el Hijo y el Espíritu Santo son un solo Dios

Aquí, en la tierra,
los hombres no podemos ver a Dios Padre,
pero Jesús, su Hijo,
que El envió al mundo y que vivió entre nosotros
nos ha revelado que la vida de Dios es amor.
Dios es amor:
el Padre, el Hijo y el Espíritu Santo
se aman tanto
y están tan unidos entre sí
que son un solo Dios.

La gracia de nuestro Señor Jesucristo,
el amor del Padre,
y la comunión del Espíritu Santo
son el gran regalo que los hombres recibimos de Dios
para formar con El por siempre una sola familia.

(Cfr. 2 Corintios 13, 13)

¿A qué llamamos misterio de la Santísima Trinidad?

Llamamos misterio de la Santísima Trinidad a lo que Jesús nos ha dicho de la vida de Dios. Es un misterio de amor: Dios es amor. El Padre, el Hijo y el Espíritu Santo son un solo Dios.

Segunda Parte

JESUS ESTA CON NOSOTROS

La Iglesia: Los discípulos de Jesús

14 Los discípulos de Jesús

Somos cristianos y formamos parte de la Iglesia.
Queremos conocer la historia de esta gran familia.
¿Cómo fueron sus comienzos?

El día de Pentecostés nació la Iglesia,
que es el nuevo pueblo de Dios.
Los que creían en la palabra de los Apóstoles
se convertían y se bautizaban,
haciéndose discípulos de Jesús.
La gente, más tarde, empezó a llamarlos «cristianos»,
es decir, seguidores de Cristo.
Los Apóstoles presidían y gobernaban
las primeras comunidades cristianas.
Todos reconocían que, entre los doce Apóstoles,
Pedro era el primero
porque Jesús lo había querido así.

(Cfr. Hechos 2, 1-41; 11, 26)

Poco a poco iba creciendo
el número de hombres y mujeres
que se convertían y se bautizaban.

Iglesia

¿Qué es la Iglesia?

La Iglesia es la gran familia
de los que seguimos a Jesús.
Es el nuevo pueblo de Dios que,
guiado por el Espíritu Santo,
camina hacia Dios Padre,
con Jesucristo el Señor.

Los primeros cristianos
escuchaban y aceptaban la predicación de los Apóstoles.
Vivían muy unidos y se querían como hermanos.
Repartían sus cosas entre los más necesitados.
Se reunían para celebrar la Eucaristía
y para orar juntos alabando a Dios.

(Cfr. Hechos 2, 42)

Hablaban de Jesús con gran valentía
porque estaban convencidos
de que tenían que contar a todos
la Buena Noticia de la Salvación.
Iban por todas partes anunciando el Evangelio,
y la fuerza del Espíritu Santo
les ayudaba a vencer todas las dificultades
y a soportar con paciencia las persecuciones
que les venían por seguir a Jesucristo.

(Cfr. Hechos 4, 29; 28, 31)

La Iglesia anuncia el Evangelio a todos los hombres.

Como los primeros cristianos, también nosotros nos sentimos llamados a anunciar nuestra fe. Cuando vivimos cristianamente estamos ayudando a la Iglesia a llevar el Evangelio a todos los hombres.

15 Hoy somos nosotros los discípulos de Jesús

Gracias a la predicación y catequesis de los Apóstoles,
de sus sucesores
y de todos los cristianos,
el Evangelio de Jesús se ha ido extendiendo
y ha llegado hasta nosotros.

En nuestra familia, en la catequesis
y al celebrar la Eucaristía,
vamos aprendiendo a conocer a Jesús
y a vivir como cristianos.

La pequeña semilla sembrada por los Apóstoles
se ha convertido en un gran árbol
que nos acoge bajo su sombra:
es la Iglesia, la comunidad cristiana.

Obispos

¿Quiénes son los Obispos?

Los Obispos son los sucesores de los Apóstoles.
Han recibido el sacramento del Orden para predicar la Palabra de Dios, celebrar la Eucaristía y los otros Sacramentos, y, unidos al Papa, presidir y gobernar las comunidades cristianas extendidas por el mundo.

Papa

¿Quién es el Papa?

El Papa es el sucesor del Apóstol San Pedro y Obispo de Roma.
Como Pastor principal, guía a toda la Iglesia y cuida de su unidad.

Sacerdotes

¿Quiénes son los sacerdotes?

Los sacerdotes son los cristianos que han recibido el sacramento del Orden para ayudar a los Obispos en su misión de Pastores de la Iglesia.

A los cristianos de ayer, de hoy y de mañana se nos reconoce porque:

- **confesamos la misma fe recibida de los Apóstoles, el mismo Credo;**
- **rezamos la oración que Jesús nos enseñó, el Padrenuestro;**
- **celebramos la misma Eucaristía;**
- **intentamos amarnos y vivir unidos como el Señor nos mandó;**
- **y somos enviados al mundo como testigos de Jesús.**

Estas son las señales por las que se nos conoce como discípulos de Jesús.

Jesús confió su Iglesia a los Apóstoles
unidos en torno a Pedro.
Los cristianos, hoy día,
seguimos caminando hacia Dios Padre
unidos al Papa, sucesor de Pedro
y a los Obispos, sucesores de los Apóstoles.

Creemos en la Iglesia, que es una, santa, católica y apostólica

16 María, la Madre de Jesús, es también Madre de los cristianos

¿Quién es la Virgen María?

La Virgen María es la Madre de Jesús,
nuestro Señor y nuestro Dios.
Ella es, en la Iglesia, la cristiana perfecta.
Es nuestra Madre.
Ayuda a todos los hombres
y pide por ellos a Jesús, su Hijo.

¿Cómo se hizo hombre el Hijo de Dios?

En las primeras comunidades, los cristianos recordaban la vida del Señor: lo que hizo y predicó y también los años de su infancia.

En los Evangelios se nos cuenta cómo nació Jesús de la Virgen María.

El evangelio de San Lucas nos narra que Dios Padre envió a un ángel, un mensajero suyo, a un pueblecito llamado Nazaret para anunciar a una joven que iba a ser madre del Mesías. Ella se llamaba María.

El ángel del Señor dijo a María:

¡Alégrate, María, Dios te ha llenado
de su gracia y está contigo!
Vas a tener un hijo a quien llamarás Jesús.

María contestó al ángel:

Soy la esclava del Señor.
Hágase en mí según tu palabra.

Entonces,
por la fuerza y la gracia del Espíritu Santo,
el Hijo de Dios se hizo hombre
y nació de Santa María, la Virgen.

(Cfr. Lucas 1, 26-27. 31. 38)

María se fio siempre de Dios:
creyó en las palabras que le dijo el ángel.
Acompañó a su Hijo desde el nacimiento hasta la cruz
y guardó fielmente en su corazón
todo lo que Jesús decía.
Fue la que mejor cumplió
lo que El nos mandó.

Jesús, antes de morir en la cruz,
dijo al Apóstol Juan:
«He ahí a tu Madre»,
y, desde entonces,
María acompañó a los primeros discípulos.
Cuando María subió al cielo junto a su Hijo,
los discípulos recordaban siempre a la Madre de Jesús
y la reconocían como verdadera Madre de los cristianos.

Los cristianos de todos los tiempos
para saber cómo se sigue a Jesús
miramos a María.
Por eso acudimos a Ella
pidiéndole que nos ayude a caminar con su Hijo.

Angeles

La Sagrada Escritura y la oración de la Iglesia nos hablan de los ángeles que Dios ha creado para que le alaben, obedezcan y sean felices en el cielo. Son mensajeros de Dios que ayudan a los hombres en el camino de la salvación.

(Cfr. Hebreos 1, 14)

Con ellos, alabamos a Dios Padre en la Eucaristía cuando decimos: «Santo, Santo, Santo es el Señor».

El cántico de María al Señor

Proclama mi alma la grandeza del Señor,
se alegra mi espíritu en Dios, mi Salvador;
porque ha mirado la humillación de su esclava.

Desde ahora me felicitarán todas las generaciones
porque el Poderoso ha hecho obras grandes por mí.
Su misericordia llega a sus fieles
de generación en generación.

El dispersa a los soberbios de corazón,
derriba del trono a los poderosos
y enaltece a los humildes.

(Lucas 1, 46-52)

Fiestas de la Virgen

Los cristianos de todos los tiempos llamamos dichosa a María y nos alegramos con ella, sobre todo en las siguientes fiestas:

8 de diciembre: celebramos en este día que María es la «llena de gracia», la «sin pecado concebida», que siempre agradó a Dios. Esta es la fiesta de la Inmaculada Concepción de María.

1 de enero: celebramos en este día que María, la Virgen, es la Madre de Jesús, nuestro Señor y nuestro Dios. Es la fiesta de Santa María, Madre de Dios.

15 de agosto: celebramos en este día que María vive ya, en cuerpo y alma, junto a Dios Padre en el cielo la vida nueva de Jesús resucitado. Esta es la fiesta de la Asunción de María.

17 Nos encontramos con Jesús resucitado

Los Sacramentos de la Iglesia

¿A qué llamamos Sacramentos de la Iglesia?

Llamamos Sacramentos de la Iglesia a:

- El Bautismo.
- La Confirmación.
- La Eucaristía.
- La Penitencia.
- La Unción de Enfermos.
- El Orden sacerdotal.
- El Matrimonio.

¿Qué sucede cuando celebramos los Sacramentos?

Cuando celebramos los Sacramentos nos encontramos con Jesús Resucitado y recibimos la gracia, la luz y la fuerza del Espíritu Santo.

Jesús, según su promesa,
está siempre con nosotros, los cristianos,
hasta el fin del mundo.

Nuestros padres, los sacerdotes, los catequistas
nos enseñan que está con nosotros
en los Sacramentos de la Iglesia,
y especialmente en la Eucaristía.

También nos enseñan que lo podemos encontrar
en nuestros hermanos, los hombres,
sobre todo en los más pobres.

El ha querido estar siempre con nosotros
para ser la luz, la alegría, la fuerza,
la paz y el alimento de nuestra vida.

La Eucaristía

18 Escuchamos reunidos la Palabra de Dios

En la Eucaristía, los cristianos nos reunimos, en el nombre de Dios Padre, de Jesús, su Hijo y del Espíritu Santo.

El domingo,
que es el día de la semana en que Jesús resucitó,
los cristianos mayores, los jóvenes y los niños,
nos reunimos con el sacerdote
para hacer lo que Jesús hizo
en la Ultima Cena antes de morir.

Eucaristía

¿Qué hacemos los cristianos en la Eucaristía?

Los cristianos en la Eucaristía, escuchamos la Palabra de Dios, bendecimos y damos gracias a Dios nuestro Padre, nos ofrecemos al Padre con su Hijo Jesucristo y recibimos a Jesús como alimento de la vida que dura para siempre.

¿Quiénes presiden la Eucaristía?

Los Obispos y los sacerdotes, como representantes de Cristo, presiden la Eucaristía.

El sacerdote nos saluda.
Es Dios Padre quien nos ha convocado
y comenzamos pidiéndole perdón
porque no siempre hacemos lo que El quiere.

En la Eucaristía se proclama y escuchamos la Palabra de Dios.

Siempre que celebramos la Eucaristía
leemos la Sagrada Escritura.
En ella se nos recuerdan las maravillas
que Dios hace con nosotros.
Cuando el sacerdote lee el Evangelio
es Jesús mismo quien nos sigue hablando.
Escuchamos con atención las lecturas,
y, al terminar, damos gracias a Dios.

El sacerdote nos explica lo que se acaba de leer,
para enseñarnos a vivir como cristianos.

¡Gracias, Señor, por habernos regalado
el Pan de tu Palabra que nos da la vida!

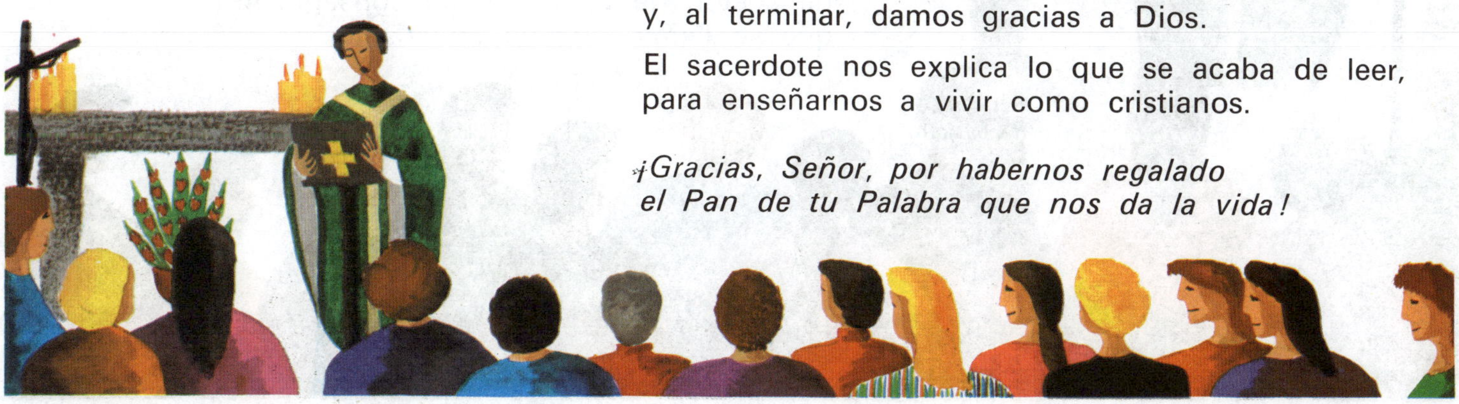

19 «Haced esto en conmemoración mía»

En la Eucaristía damos gracias a Dios nuestro Padre y nos ofrecemos a El, con su Hijo Jesucristo.

La palabra «eucaristía» quiere decir «acción de gracias».
La Eucaristía es la acción de gracias más importante
que los cristianos dirigimos a Dios Padre.

El sacerdote pone sobre el altar
el pan y el vino que nosotros le presentamos.
Después comienza una larga oración
de acción de gracias y de consagración
que se llama Plegaria Eucarística.

En la Plegaria Eucarística,
el sacerdote pide a Dios Padre
que envíe el Espíritu Santo;
hace los mismos gestos que Jesús
en la Ultima Cena
y pronuncia sus palabras;
y, entonces, el pan y el vino
dejan de ser lo que son
y se convierten
en el Cuerpo y la Sangre
de nuestro Señor Jesucristo.

Por lo tanto, ¿está Jesús realmente presente en la Eucaristía?

Sí, Jesús está realmente presente
en la Eucaristía: lo que parece
pan y vino es el Cuerpo y la Sangre
del Señor.

Durante la Plegaria Eucarística,
el sacerdote pide a Dios Padre
que envíe el Espíritu Santo
sobre el pan y el vino
para que sean el Cuerpo y Sangre de Jesús,
nuestro Señor.

Hace luego los mismos gestos
que Jesús hizo en la Ultima Cena:
toma el pan en sus manos
y dice las palabras del Señor:

«*Tomad y comed todos de él
porque esto es mi Cuerpo,
que será entregado por vosotros*».

A continuación toma el cáliz con el vino
y dice las palabras del Señor:

«*Tomad y bebed todos de él
porque éste es el cáliz de mi Sangre,
que será derramada por vosotros
y por todos los hombres
para el perdón de los pecados*».

¿Qué renueva Jesús en la Eucaristía?
En la Eucaristía, Jesús renueva
el Sacrificio de la Cruz.

El sacerdote continúa la oración y exclama:
«*Este es el Sacramento de nuestra fe*».
Y nosotros aclamamos, diciendo:

«Anunciamos tu muerte,
proclamamos tu resurrección,
¡Ven, Señor Jesús!»

Recordamos ante Dios nuestro Padre
que su Hijo, Jesús, murió por todos los hombres
y resucitó para darnos la vida y la salvación.

Ahora, en la Eucaristía,
Jesús renueva el sacrificio de su vida en la cruz
para que nosotros podamos ofrecernos al Padre con El,
y formar una comunidad de hermanos
por la acción del Espíritu Santo.

Al terminar el sacerdote su oración,
todos nos unimos a él
y decimos con voz fuerte: Amén.

Ven, Señor Jesús

Con estas palabras los cristianos expresamos el deseo ardiente y la esperanza de encontrarnos para siempre con el Señor resucitado cuando venga en su gloria.

Amén

Esta palabra quiere decir:
¡Esto es verdad!, ¡De acuerdo!, ¡Podemos confiar en Dios! Al decir amén, decimos *sí* a la oración del sacerdote.

20 Jesús es el Pan de vida

La preparación para comulgar

El cristiano se prepara para comulgar
procurando que su corazón
esté en amistad
y gracia de Dios
y reconciliado con
sus hermanos

A veces necesita acudir
antes al Sacramento de la
Penitencia.

En la Eucaristía recibimos a Jesús que se nos da como alimento de la vida que dura para siempre.

Vamos a comulgar.
Rezamos juntos el Padrenuestro.
Nos damos unos a otros la paz
y, en paz y amistad con Dios,
nos acercamos a la mesa del Señor.

El sacerdote nos distribuye la comunión mientras dice:
«*El Cuerpo de Cristo*».

Algunas veces, también nos da a beber el cáliz y nos dice:
«*La Sangre de Cristo*».
En la comunión
nos encontramos con Jesús resucitado
que nos une a El.

Ayuno eucarístico

Antes de comulgar, por respeto, no tomamos ningún alimento durante una hora. A esto lo llamamos «ayuno eucarístico». Cuando se toman agua o medicinas no se rompe el ayuno eucarístico.

Jesús se hace nuestro alimento.
Nos reúne como hermanos,
nos da fuerza para tener un solo corazón y una sola alma
y nos envía a compartir nuestra fe, la paz y todo lo nuestro
con los hombres.

(Cfr. Hechos 4, 32)

El sacerdote nos despide con la bendición.
Hemos celebrado la Cena del Señor.
La Santa Misa ha terminado.

Todos los que hemos comido de este Pan formamos un solo cuerpo.

¡Quédate, Señor, con nosotros y danos siempre este Pan!

Santa Misa

La celebración de la Eucaristía también se llama *Santa Misa*.

Otros nombres de la Eucaristía son:

- *Sacrificio Eucarístico*, porque en ella se hace presente el sacrificio de Jesús en la Cruz y su Resurrección;
- *Cena del Señor*, porque Jesús instituyó la Eucaristía en su Ultima Cena, el día antes de morir por nosotros.

21 Jesús se queda con nosotros

POR CRISTO,
CON EL Y EN EL,
A TI, DIOS
PADRE OMNIPOTENTE,
EN LA UNIDAD
DEL ESPIRITU SANTO,
TODO HONOR
Y TODA GLORIA
POR LOS SIGLOS
DE LOS SIGLOS.
¡AMEN!

Al terminar la Santa Misa
el sacerdote guarda en el sagrario
el Pan consagrado que es el Cuerpo de Cristo.

Para expresar nuestro amor a Jesús,
lo visitamos y adoramos
en los sagrarios de nuestros templos.

Cuando algún cristiano se pone enfermo
y no puede participar en la Santa Misa,
el sacerdote u otro cristiano encargado
de esta misión le lleva la Comunión.

A los cristianos que están a punto de morir,
el Pan eucarístico les da fuerza
para recorrer el último viaje,
el viaje que conduce a la casa del Padre.
A esta última Comunión la llamamos viático.

Viático

Esta palabra quiere decir:
Alimento que se lleva para comer durante el camino.

La Reconciliación o Penitencia

22 Jesús nos trae el perdón de Dios Padre

Cuando pecamos nos alejamos de Dios.

Por el Bautismo prometimos seguir a Jesús
y amar a Dios y a los hermanos,
con la ayuda del Espíritu Santo.
Cada vez que celebramos la Eucaristía
nos comprometemos a amar a Dios
y ayudarnos unos a otros.

Por eso cuando hacemos algo
que nos aleja de Dios y de los hermanos,
no somos fieles a la Eucaristía
y a las promesas del Bautismo.

¿Qué es pecar?

Pecar es decir «no» a Dios desobedeciendo sus Mandamientos. Pecar es faltar a la amistad con Dios.

¿Dios está siempre dispuesto a perdonar?

Sí, Dios está siempre dispuesto a perdonar porque es Padre misericordioso, conoce el fondo de nuestro corazón y nos comprende como un padre a su hijo.

Nuestro Padre Dios no se cansa nunca de perdonarnos.

Jesús, el Hijo de Dios,
mientras vivió en esta tierra con los hombres,
decía a la gente:

El Padre está aguardando que os arrepintáis
y hace todo para que volváis a su casa.

Cuando volváis al Padre,
El os abrazará y os llenará de besos
y mandará que se haga en casa una gran fiesta:

«Traed los mejores vestidos para este hijo mío,
ponedle un anillo de oro en su mano,
preparad una comida muy buena.
¡Vamos a hacer un gran banquete!»

(Cfr. Lucas 15, 20-24)

Jesús perdonó a muchos pecadores cuando vivía en este mundo.

Jesús salía al encuentro de los pecadores
y acogía siempre a los que se arrepentían.

Al verlos, se llenaba de ternura y les decía:

«Tus pecados te son perdonados. Vete en paz».

Y luego comía con estos pecadores.

(Cfr. Marcos 2, 5. 15)

Jesús dijo:

«Yo he venido a buscar y a salvar
lo que estaba perdido».

(Cfr. Lucas 19, 10)

Jesús mandó a los Apóstoles que, en su nombre, perdonasen los pecados.

Antes de volver a su Padre Dios,
Jesús dijo a los Apóstoles:

«A quienes vosotros perdonéis los pecados,
les serán perdonados».

(Cfr. Juan 20, 25)

23 La Iglesia nos perdona en nombre de Jesús

¿Qué es el Sacramento de la Reconciliación o de la Penitencia?

El Sacramento de la Reconciliación o de la Penitencia es el Sacramento por el cual Jesús nos perdona los pecados cometidos después del Bautismo.

Podemos extraviarnos, perder el camino,
alejarnos del Padre y del amor a los hermanos.
Pero, si nos arrepentimos delante de Dios,
y confesamos nuestros pecados al sacerdote
que representa a Cristo en su Iglesia,
Dios nos perdona siempre y quedamos reconciliados.

Los sacerdotes, en nombre de Jesús y de la Iglesia, siguen perdonando los pecados en el Sacramento de la Reconciliación o de la Penitencia.

¿Cuántas cosas son necesarias para confesarnos bien?

Para confesarnos bien
son necesarias estas cosas:

- examen de conciencia,
- dolor de los pecados,
- propósito de la enmienda,
- decir los pecados al confesor
- y cumplir la penitencia.

1.º Antes de confesar nuestros pecados, examinamos nuestra conciencia. En silencio, delante de Dios, pensamos si hemos hecho siempre lo que Jesús nos ha mandado hacer.

«Dichosos los que escuchan
la Palabra de Dios y la cumplen.»

2.º Al examinar nuestro corazón nos damos cuenta de los fallos que hemos tenido en nuestro amor a Dios y a los demás. Sentimos verdadera pena y prometemos, con su ayuda, no volver a apartarnos de El.

«Padre bueno, tú deseas la pureza del corazón. ¡Lávame y quedaré más limpio que la nieve! Reconozco que he pecado contra ti, pero tú sabes todas las cosas: tú sabes que te quiero.»

3.º Después de arrepentirnos ante Dios, confesamos al sacerdote nuestros pecados. El sacerdote nos acoge, como Jesús acogía a los que acudían a El; y mientras levanta su mano sobre nuestra cabeza, nos da la absolución. En nombre de Cristo y de la Iglesia, nos da la gracia del Espíritu Santo que nos perdona.

Yo te absuelvo de tus pecados en el nombre del Padre, y del Hijo, y del Espíritu Santo.
«Tus pecados te son perdonados. Vete en paz. No peques más.»

4.º Después de confesarnos, oramos y damos gracias al Padre porque nos ha dado un corazón nuevo y alegre y hacemos, como penitencia, lo que el sacerdote nos haya mandado hacer.

«Quiero dar gracias al Señor porque perdona todos mis pecados. Dios Padre es bueno y misericordioso.»

Caminamos con Jesús hacia un mundo nuevo

24 Cielos nuevos y tierra nueva

Dios nos ha llamado a un mundo nuevo,
donde no habrá fatiga, ni hambre, ni sed;
donde no habrá penas, ni lágrimas, ni muerte.

Reinará Dios en los cielos y en la tierra nueva:
Dios mismo será para los suyos
como la tienda de campaña que protege del sol
del mediodía,
como el refugio seguro que protege del huracán y del
aguacero.

El día de nuestro Bautismo
Dios Padre nos puso en camino hacia ese mundo.
Nos unió a Jesucristo resucitado
que no morirá más.

Y, cuando celebramos la Eucaristía,
se nos da la vida que dura para siempre.

Jesús dijo:

**«El que come mi carne y bebe mi sangre
tiene ya la vida eterna,
y a ése yo le resucitaré el último día».**

(Cfr. Juan 6, 54)

Dios Padre quiere que todos los hombres lleguen un día al mundo nuevo.

Dios, nuestro Padre, quiere que todos los hombres estén siempre con El.
Quiere que digamos ¡sí! al amor que nos tiene y que todos entremos un día en su Reino.

Jesús dijo un día:

«Dios nuestro Padre se parece
a un rey que preparó un gran banquete,
Encargó a sus criados:
"salid a los caminos
y reunid a todos los que encontréis".
Y la sala del banquete se llenó de gente».

(Cfr. Mateo 22, 1-10)

Al final de la vida,
Dios mirará con misericordia
hasta el fondo del corazón del hombre
y será misericordioso
cuando dé a cada uno según sus obras.

25 Dios reunirá a todos sus hijos en el cielo

Dios quiere que todos los hombres
estemos juntos, con Jesús, en el cielo.

Jesús dijo un día:
«En la casa de mi Padre Dios
hay un sitio para cada uno de vosotros.
¡No tengáis miedo!
Yo volveré y juntaré a todos mis amigos
y serán felices para siempre conmigo».

(Cfr. Juan 12, 24)

Lo que los ojos no han visto nunca,
lo que los oídos no han oído jamás,
lo que el hombre no puede ni imaginar:
eso es lo que Dios tiene preparado
para los que le aman.

(Cfr. 1 Corintios 2, 9)

Cielo

¿Qué es el cielo?

El cielo o gloria
es la felicidad
de que gozan los hombres
que están ya con Dios
para siempre.
Es la fiesta que no tiene fin.

26 Los hombres podemos decir «no» al amor de Dios Padre

Si nos empeñáramos en decir «no» a Dios
hasta el final de la vida
quedaríamos separados de El para siempre:
seríamos como árboles enfermos
que se van secando y al fin mueren.

Pero al Padre del cielo
le da mucha pena
arrancar los árboles enfermos
y espera mucho tiempo
antes de tener que cortarlos.
Espera siempre
que estos árboles
vuelvan a echar hojas y flores
y den frutos.

(Cfr. Lucas 13, 6-9)

Infierno

¿A qué llamamos infierno?

Los cristianos llamamos infierno
al sufrimiento de los hombres
que, después de la muerte
están separados para siempre
de Dios y de su amor.

27 Los santos: amigos de Dios para siempre

En el cielo,
con Dios Padre, con Jesús y el Espíritu
viven la Virgen María
y los demás santos.

Los santos son aquellos hombres,
mujeres y niños
que, mientras vivieron en la tierra,
siguieron el camino de Jesús
y amaron mucho a Dios y a los hombres.

Los santos nos esperan
en la casa de Dios nuestro Padre.

Si, como ellos, seguimos las huellas de Jesús,
un día veremos a Dios cara a cara.

La purificación final

Llamamos purificación final
o purgatorio al sufrimiento
de los que mueren en paz y amistad
con Dios pero necesitan
ser purificados de todo rastro de pecado
para llegar a gozar con los santos
de la alegría de Dios.

Fiesta de Todos los Santos

Es la fiesta de todos los amigos de Dios que viven para siempre en el cielo con El, y piden por nosotros al Señor.

La Iglesia celebra la fiesta de Todos los Santos el día 1 de noviembre.

Los cristianos oran por los difuntos

La Iglesia nos enseña a pedir a Dios el descanso eterno de los difuntos. El día 2 de noviembre oramos especialmente por ellos.

28 Dios Padre quiere que transformemos este mundo

Aquí en la tierra todavía hay
dolor, injusticia, falta de amor entre nosotros.
Pero Dios quiere que este mundo cambie:
nos anima a sembrar paz y amor
y a compartir lo nuestro con todos.

Cuando en la Eucaristía
presentamos el pan y el vino,
ofrecemos a Dios todas las cosas;
queremos que el mundo cambie;
que todo sea más bueno y hermoso,
y nosotros más hermanos.

Mi Señor y Dios nuestro:
Yo aprendí desde mi cuna, en mi familia, que Tú, Señor, nos escogiste para ser siempre tu pueblo.

(Cfr. Ester 4, 17 m.).

Te doy gracias, Padre,
Señor del cielo y de la tierra, porque has escondido estas cosas a los sabios y a los listos y las has revelado a los pequeños.

(Cfr. Lucas 10, 21).

Recordamos todo lo que Jesús nos ha enseñado:

- **El Padre, Creador de todas las cosas, nos ama y nos ha hecho hijos suyos.**
- **Jesús, su Hijo, Señor nuestro, nos ha reconciliado con el Padre y nos ha salvado.**
- **El Espíritu Santo nos ayuda a caminar por la vida como discípulos de Jesús hasta llegar a Dios Padre.**

¡Gracias, Señor!
¡Ahora conocemos:
al Padre,
al Hijo,
y al Espíritu Santo!

LA ORACION
de la
IGLESIA

Ritual del Sacramento de la Reconciliación o Penitencia

I. CELEBRACION INDIVIDUAL DE LA PENITENCIA

Cuando nos vamos a confesar, lo hacemos de esta manera:

1. Nos acercamos al sacerdote, hacemos la señal de la cruz, y el sacerdote nos acoge con estas u otras palabras:

   El Señor esté en tú corazón,
   confía en El.

   Nosotros respondemos:

   Amén.

2. El sacerdote nos recuerda algunas palabras de la Sagrada Escritura, como por ejemplo:

   — «*Les daré a mis hijos un corazón limpio y un espíritu nuevo,*
   para que hagan lo que yo les digo:
   serán mi pueblo y yo seré su Dios». (Cfr. Ezequiel 11, 19-20)

   — «*Si vivimos en la luz, estaremos unidos unos con otros y con Jesús*».
   (Cfr. 1 Juan 1, 7)

   — «*Si perdonáis a los demás,*
   vuestro Padre del Cielo os perdonará también a vosotros». (Cfr. Mateo 6, 14)

3. Después confesamos nuestros pecados y contamos al sacerdote lo que nos pasa, lo que nos preocupa, lo que queremos saber para vivir mejor como Dios quiere.

4. El sacerdote nos escucha, nos aclara las cosas, nos anima y nos manda hacer una «obra de penitencia».

5. Luego, el que se confiesa expresa su arrepentimiento, rezando, por ejemplo, «Yo confieso ante Dios...». El sacerdote levanta su mano sobre nuestra cabeza y pronuncia estas palabras de perdón o absolución:

Dios Padre misericordioso,
que reconcilió consigo al mundo
por la muerte y resurrección de su Hijo
y derramó el Espíritu Santo para la remisión de los pecados,
te conceda, por el ministerio de la Iglesia,
el perdón y la paz.

Y yo te absuelvo de tus pecados
en el nombre del Padre y del Hijo y del Espíritu Santo.

Y el que se confiesa contesta: **Amén.**

Las palabras que pronuncia el sacerdote quieren decir lo mismo que lo que Jesús decía cuando perdonaba a los que habían pecado:

«*Tus pecados son perdonados.*
Vete en paz.
No peques más». (Marcos 2, 5; Juan 8, 11)

6. El sacerdote recuerda que debemos dar gracias a Dios. Nos dice:

Da gracias al Señor porque es bueno.

Y nosotros respondemos:

Porque su amor no tiene fin.

7. El sacerdote despide al que se ha confesado, diciéndole:

El Señor ha perdonado tus pecados.
Vete en paz.

II. CELEBRACION COMUNITARIA DE LA RECONCILIACION O PENITENCIA

Para celebrar comunitariamente este Sacramento, nos reunimos en la iglesia con los sacerdotes.

1. Los sacerdotes *nos saludan en el nombre del Padre, del Hijo y del Espíritu Santo.*

2. Comenzamos rezando *una oración;* por ejemplo, ésta:

Dios, Padre bueno,
envíanos tu Santo Espíritu
para que nos ayude a vivir
como Jesús, tu Hijo,
nos enseñó.

Danos tu luz para que nos demos cuenta
de lo que no hacemos bien y de lo que podemos hacer mejor.
Te lo pedimos por Jesucristo, Nuestro Señor.

Amén.

3. Luego, escuchamos *la lectura de la Palabra de Dios*. (Debemos leer siempre un trozo del Evangelio.) En la lectura se nos habla del gran amor que nos tiene Dios Padre.

4. A continuación hacemos *el examen de conciencia*, guardando un tiempo de silencio.

5. Cuando terminamos de examinar cada uno qué pecados hemos cometido, rezamos juntos estas u otras oraciones:

   - Dios y Padre nuestro, no te hemos dado gracias por las muchas cosas buenas que nos das: por el juego, las excursiones y el cariño de nuestros abuelos, de nuestros padres y de nuestros hermanos.
     Pero Tú siempre nos amas y nos buscas.
   - Padre, nos hemos olvidado de hablar contigo cuando nos levantamos por la mañana, cuando estamos en casa y en la escuela, cuando nos vamos a dormir.
     Pero Tú siempre nos amas y nos buscas.
   - Hemos desobedecido a nuestros padres y no les hemos ayudado en las cosas de la casa.
     Pero Tú siempre nos amas y nos buscas.
   - Hemos reñido con nuestros amigos y compañeros y hemos tardado en hacer las paces con ellos.
     Pero Tú siempre nos amas y nos buscas.

- Padre nuestro, no hemos dicho siempre la verdad y acostumbramos a decir mentiras.

  Pero Tú siempre nos amas y nos buscas.

- No hemos guardado siempre limpio el corazón y, a veces, preferimos la oscuridad y escapamos de tu luz.

  Pero Tú siempre nos amas y nos buscas.

- No hemos compartido, Señor, nuestras cosas con los que tienen menos que nosotros.

  Pero Tú siempre nos amas y nos buscas.

- Hemos sido perezosos para estudiar y hacer los deberes de la escuela y no hemos hecho caso, a veces, de lo que nos dicen nuestros profesores.

  Pero Tú siempre nos amas y nos buscas.

- Dios nuestro, no hemos vivido siempre con la alegría de los que son hijos tuyos y hermanos de Jesús.

  Pero Tú siempre nos amas y nos buscas.

Recemos ahora como Jesús nos dijo que rezásemos:

Padre nuestro, que estás en el cielo...
Perdona nuestras ofensas,
como nosotros perdonamos a los que nos ofenden,
no nos dejes caer en la tentación
y líbranos del mal. Amén.

Después concluye el sacerdote con una *oración:*

Padre,
queremos ser buenos hijos tuyos,
pero no hacemos las cosas como Tú quieres.
Ayúdanos a seguir el camino de Jesús
y a ser sus amigos.
Te lo pedimos por Jesucristo, Nuestro Señor. Amén.

6. Luego, *vamos pasando, uno a uno, ante el sacerdote y confesamos nuestros pecados:* le decimos lo que hemos hecho mal y los deseos que tenemos de hacer las cosas cada vez mejor.

El sacerdote nos dice, primero, la «obra de penitencia» que debemos hacer; y después, para absolvernos, dice estas palabras a cada uno, mientras levanta su mano sobre la cabeza del que se confiesa:

Dios, Padre misericordioso,
que reconcilió consigo al mundo
por la muerte y la resurrección de su Hijo
y derramó el Espíritu Santo para la remisión de los pecados,
te conceda, por el ministerio de la Iglesia,
el perdón y la paz.

Y yo te absuelvo de tus pecados
en el nombre del Padre, y del Hijo y del Espíritu Santo.

A estas palabras, cada uno responde:

Amén.

Estas palabras que pronuncia el sacerdote quieren decir lo mismo que lo que Jesús decía cuando perdonaba a los que habían pecado:

Tus pecados te son perdonados.
Vete en paz.
No peques más. (Marcos 3, 5; Juan 8, 11)

7. Al terminar de confesarnos, *volvemos a orar todos juntos, dando gracias a Dios porque nos ha acogido con amor*. Podemos decir esta oración:

Te damos gracias, Señor, porque eres bueno,
porque tu amor no tiene fin.

Tú nos perdonas siempre,
nos llenas de cariño y de ternura,
no te cuesta hacer las paces
ni te dejas llevar por el rencor.

Te damos gracias, Señor, porque eres bueno,
porque tu amor no tiene fin.

Como los padres son tiernos con sus hijos,
lo mismo nos tratas, Padre, tú a nosotros,
más grande que los cielos y la tierra
es el amor que tienes a los que te queremos.

Te damos gracias, Señor, porque eres bueno,
porque tu amor no tiene fin.

Por último, el sacerdote nos despide, dándonos a todos la bendición.

Ritual de la celebración de la Eucaristía

ORDINARIO DE LA SANTA MISA

I. RITOS INICIALES

Normalmente recibimos al sacerdote cantando un himno de entrada.
El sacerdote besa el altar —el altar es un símbolo de Cristo— y nos saluda después de que todos hemos hecho la señal de la Cruz.
Al comenzar la Eucaristía estamos de pie.

Sacerdote: En el nombre del Padre y del Hijo y del Espíritu Santo.
Pueblo: **Amén.**
Sacerdote: La gracia de nuestro Señor Jesucristo,
el amor del Padre
y la comunión del Espíritu Santo
esté con todos vosotros.
Pueblo: **Y con tu Espíritu.**

A continuación, el sacerdote nos invita a pedir perdón al Señor. En silencio, decimos a Jesús que queremos vivir como El quiere y rezamos juntos:

Yo confieso ante Dios todopoderoso
y ante vosotros, hermanos,
que he pecado mucho
de pensamiento, palabra, obra y omisión.
Por mi culpa, por mi culpa,
por mi gran culpa.
Por eso ruego a Santa María, siempre Virgen,
a los Angeles,
a los Santos
y a vosotros, hermanos,
que intercedáis por mí ante Dios nuestro Señor.

El sacerdote pide a Dios que perdone nuestros pecados:

Sacerdote: **Dios todopoderoso**
tenga misericordia de nosotros,
perdone nuestros pecados
y nos lleve a la vida eterna.

Pueblo: **Amén.**

Después, el sacerdote y nosotros invocamos al Señor:

Sacerdote: Señor, ten piedad.
Pueblo: **Señor, ten piedad.**
Sacerdote: Cristo, ten piedad.
Pueblo: **Cristo, ten piedad.**
Sacerdote: Señor, ten piedad.
Pueblo: **Señor, ten piedad.**

Algunas veces, en este momento, cantamos o rezamos juntos este himno de alabanza a Dios, Padre, Hijo y Espíritu Santo:

**Gloria a Dios en el cielo
y en la tierra paz
a los hombres que ama el Señor.
Por tu inmensa gloria
te alabamos,
te bendecimos,
te adoramos,
te glorificamos,
te damos gracias.
Señor Dios, Rey celestial,
Dios Padre todopoderoso.
Señor Hijo único, Jesucristo.
Señor Dios, Cordero de Dios,
Hijo del Padre:
tú que quitas el pecado del mundo,
ten piedad de nosotros;
tú que quitas el pecado del mundo
atiende nuestra súplica;
tú que estás sentado a la derecha
del Padre,
ten piedad de nosotros:
porque sólo tú eres Santo.
sólo tú Señor,
sólo tú Altísimo, Jesucristo,
con el Espíritu Santo
en la gloria de Dios Padre.**

Amén.

Luego, el sacerdote que nos ha acogido en la comunidad y con quien hemos comenzado a orar juntos, dice:

Oremos

Hacemos entonces un rato de silencio y el sacerdote, en nombre de todos, dice en voz alta una oración a Dios. Cuando termina, decimos:

Amén.

II. LITURGIA DE LA PALABRA DE DIOS

Ahora nos sentamos para escuchar la Palabra de Dios.
Se lee algún pasaje de la Sagrada Escritura. El que hace la lectura, al terminar dice: *Palabra de Dios*.

Todos aclamamos: **¡Te alabamos, Señor!**

Después de escuchar la Palabra de Dios, cantamos o rezamos un *Salmo*.

A continuación, el sacerdote lee un pasaje de *los Santos Evangelios*.
Nos ponemos todos de pie por respeto a Jesús que nos habla en estos libros.
El sacerdote nos saluda al comenzar la lectura:

Sacerdote: El Señor esté con vosotros.
Pueblo: **Y con tu Espíritu.**

El sacerdote hace la señal de la Cruz en el libro y en su frente, boca y pecho. Nosotros también hacemos la señal de la Cruz.
Luego, el sacerdote anuncia el texto que va a leer:

Sacerdote: Lectura del Santo Evangelio según San Mateo (o San Marcos, San Lucas o San Juan).
Nosotros decimos: **Gloria a ti, Señor.**

La lectura del Santo Evangelio se termina así:

Sacerdote: Palabra del Señor.
Pueblo: **Gloria a ti, señor Jesús.**

Nos sentamos para escuchar al sacerdote que nos va a explicar los textos que se acaban de leer. Esta explicación se llama *Homilía*.

Algunos días —por ejemplo, los domingos—, después de la Homilía decimos el *Credo* o *Símbolo de la fe*.

En el Símbolo de la fe profesamos la fe de la Iglesia como la profesaron nuestros padres en el día de nuestro Bautismo.

SIMBOLO O CREDO APOSTOLICO

Creo en Dios, Padre todopoderoso,
Creador del cielo y de la tierra.
Creo en Jesucristo, su único Hijo, nuestro Señor,
que fue concebido por obra y gracia del Espíritu Santo,
nació de santa María Virgen;
padeció bajo el poder de Poncio Pilato,
fue crucificado, muerto y sepultado,
descendió a los infiernos,
al tercer día resucitó de entre los muertos;
subió a los cielos
y está sentado a la derecha de Dios, Padre todopoderoso.
Desde allí ha de venir a juzgar a vivos y muertos.
Creo en el Espíritu Santo,
la santa Iglesia católica,
la comunión de los santos,
el perdón de los pecados,
la resurrección de la carne
y la vida eterna.
Amén.

En la celebración de la Santa Misa con personas mayores, se reza un Credo más largo: en este Credo, con otras palabras, se profesa la misma fe que en el Símbolo Apostólico.

La profesión de fe se puede hacer también de la siguiente manera, que es como se hace en el Bautismo de los niños:

Sacerdote: ¿Creéis en Dios Padre todopoderoso, Creador del cielo y de la tierra?

Pueblo: **Sí, creo.**

Sacerdote: ¿Creéis en Jesucristo, su único Hijo, nuestro Señor, que nació de Santa María la Virgen, murió, fue sepultado, resucitó y está sentado a la derecha de Dios Padre?

Pueblo: **Sí, creo.**

Sacerdote: ¿Creéis en el Espíritu Santo, la Santa Iglesia Católica, la comunión de los santos, el perdón de los pecados, la resurrección de los muertos y la vida eterna?

Pueblo: **Sí, creo.**

Sacerdote: Esta es nuestra fe.
Esta es la fe de la Iglesia.

Pueblo: **Amén.**

Después de hacer la profesión de fe, rezamos unas oraciones pidiendo por la Iglesia, por todos los hombres, por los que ya murieron: estas plegarias se llaman *Oración de los fieles*.
Con la Oración de los fieles termina la Liturgia de la Palabra de Dios.

III. LITURGIA EUCARISTICA

La Liturgia Eucarística se comienza llevando al altar *pan y vino*.
A veces, en las Misas más solemnes, algunos de nosotros llevamos en procesión al altar el pan y el vino, mientras todos cantamos.
También en este momento entregamos dinero y otras cosas que puedan ayudar a los pobres de la comunidad.
Lo que se recoge se lleva al altar y se le entrega al sacerdote.
El sacerdote presenta a Dios el *pan y el vino* (mezclado con un poco de agua), mientras dice:

Presentación del pan

Bendito seas, Señor, Dios del Universo,
por este pan,
fruto de la tierra y del trabajo del hombre,
que recibimos de tu generosidad
y ahora te presentamos:
él será para nosotros pan de vida.

Presentación del vino

Bendito seas, Señor, Dios del Universo,
por este vino,
fruto de la vid y del trabajo del hombre,
que recibimos de tu generosidad
y ahora te presentamos:
él será para nosotros bebida de salvación.

A estas oraciones respondemos con esta aclamación:

Bendito seas por siempre, Señor.

El sacerdote ora en voz baja y, después, nos invita a unirnos a su oración:

Sacerdote: Orad, hermanos, para que este sacrificio, mío y vuestro, sea agradable a Dios Padre todopoderoso.

Pueblo: **El Señor reciba de tus manos este sacrificio,**
para alabanza y gloria de su Nombre,
para nuestro bien y el de toda su Santa Iglesia.

A la oración del sacerdote respondemos:

Pueblo: **Amén.**

PLEGARIA EUCARISTICA

Ahora comienza la Plegaria Eucarística.

El sacerdote ora haciendo la principal oración de acción de gracias que la Iglesia dirige a Dios Padre.

Las palabras de las Plegarias Eucarísticas no son siempre las mismas. Pero, en todas ellas, el sacerdote invoca al Espíritu Santo, y hace y dice lo que Jesús hizo y dijo en la Ultima Cena.

La Plegaria Eucarística comienza con este diálogo:

Sacerdote: El Señor esté con vosotros.
Pueblo: **Y con tu Espíritu.**

Cuando el sacerdote nos saluda nos ponemos en pie.

Sacerdote: Levantemos el corazón.
Pueblo: **Lo tenemos levantado hacia el Señor.**

Sacerdote: Demos gracias al Señor, nuestro Dios.
Pueblo: **Es justo y necesario.**

Después, el sacerdote alaba a Dios Padre dándole gracias por las grandes obras que ha hecho en favor de los hombres. Nosotros acompañamos al sacerdote en su oración y la hacemos nuestra.

En verdad es justo y necesario,
es nuestro deber y salvación
darte gracias, Padre santo,
siempre y en todo lugar,
por Jesucristo, tu Hijo amado.

Por él que es tu Palabra, hiciste todas las cosas;
tú nos lo enviaste
para que, hecho hombre por obra del Espíritu Santo
y nacido de María la Virgen,
fuera nuestro Salvador y Redentor.

El, en cumplimiento de tu voluntad,
para destruir la muerte, y manifestar la resurrección,
extendió sus brazos en la cruz,
y así adquirió para ti un pueblo santo.

Por eso, con los ángeles y los santos,
cantamos tu gloria diciendo:

Pueblo:

Santo, Santo, Santo es el Señor,
Dios del universo.
Llenos están el cielo y la tierra de tu gloria.
Hosanna en el cielo.
Bendito el que viene en nombre del Señor.
Hosanna en el cielo.

Sacerdote: Santo eres en verdad, Señor,
fuente de toda santidad.

El sacerdote invoca ahora al Espíritu Santo para que el pan y el vino sean el Cuerpo y Sangre de Cristo.

Por eso te pedimos
que santifiques estos dones
con la efusión de tu Espíritu,
de manera que sean para nosotros
Cuerpo y Sangre
de Jesucristo, nuestro Señor.

El sacerdote recuerda ante Dios Padre lo que pasó en la Ultima Cena, hace los gestos de Jesús y pronuncia sus palabras.

El cual,
cuando iba a ser entregado a su Pasión,
voluntariamente aceptada,
tomó pan,
dándote gracias, lo partió
y lo dio a sus discípulos diciendo:

TOMAD Y COMED TODOS DE EL,
PORQUE ESTO ES MI CUERPO,
QUE SERA ENTREGADO POR VOSOTROS.

El sacerdote y nosotros adoramos el Cuerpo del Señor. El sacerdote continúa diciendo:

Del mismo modo, acabada la cena,
tomó el cáliz,
y dándote gracias de nuevo,
lo pasó a sus discípulos diciendo:

TOMAD Y BEBED TODOS DE EL,
PORQUE ESTE ES EL CALIZ DE MI SANGRE,
SANGRE DE LA ALIANZA NUEVA Y ETERNA,
QUE SERA DERRAMADA POR VOSOTROS
Y POR TODOS LOS HOMBRES
PARA EL PERDON DE LOS PECADOS.
HACED ESTO EN CONMEMORACION MIA.

Todos adoramos la Sangre del Señor y el sacerdote dice después:

Este es el Sacramento de nuestra fe.

Nosotros aclamamos: **Anunciamos tu muerte,
proclamamos tu resurrección.
¡Ven, Señor Jesús!**

El sacerdote ofrece ahora a Dios Padre el Cuerpo y la Sangre de Jesús que murió y resucitó por nosotros.

Así pues, Padre,
al celebrar ahora el memorial
de la muerte y resurrección de tu Hijo,
te ofrecemos

el pan de vida y el cáliz de salvación,
y te damos gracias
porque nos haces dignos de servirte en tu presencia.

El sacerdote pide que el Espíritu Santo haga de todos los cristianos una gran familia.

Te pedimos humildemente
que el Espíritu Santo congregue en la unidad
a cuantos participamos
del Cuerpo y Sangre de Cristo.

Acuérdate, Señor,
de tu Iglesia extendida por toda la tierra:
y con el Papa,
con nuestro Obispo
y con todos los pastores que cuidan de tu pueblo,
llévala a su perfección por la caridad.

El sacerdote recuerda a los que ya murieron para que Dios los acoja en su Casa del cielo.

Acuérdate también de nuestros hermanos
que durmieron en la esperanza
de la resurrección,
y de todos los que han muerto en tu misericordia;
admítelos a contemplar la luz de tu rostro.

El sacerdote recuerda a los santos que están en el cielo con Dios Padre y le pide que, un día, nos reunamos con ellos para siempre.

Ten misericordia de todos nosotros,
y así, con María, la Virgen Madre de Dios,
los apóstoles
y cuantos vivieron en tu amistad
a través de los tiempos,
merezcamos, por tu Hijo Jesucristo,
compartir la vida eterna
y cantar tus alabanzas.

Como resumen de la Plegaria Eucarística el sacerdote dice estas palabras:

Por Cristo, con El y en El,
a ti, Dios Padre omnipotente,
en la unidad del Espíritu Santo,
todo honor y toda gloria
por los siglos de los siglos.

Nosotros aclamamos: **Amén.**

Y a continuación nos disponemos a comulgar.

IV. RITO DE LA COMUNION

El sacerdote comienza diciéndonos que nos atrevamos a hablar con Dios, nuestro Padre, rezando la oración que Jesús nos enseñó:

Sacerdote: Fieles a la recomendación del Salvador
y siguiendo su divina enseñanza,
nos atrevemos a decir:

Sacerdote y pueblo:

**Padre nuestro, que estás en el cielo
santificado sea tu Nombre;
venga a nosotros tu reino;
hágase tu voluntad en la tierra como en el cielo.
Danos hoy nuestro pan de cada día;
perdona nuestras ofensas
como también nosotros perdonamos a los que nos ofenden;
no nos dejes caer en la tentación
y líbranos del mal.**

El sacerdote reza una oración a la que al final nosotros nos unimos aclamando:

**¡Tuyo es el Reino,
tuyo el poder
y la gloria por siempre,
Señor!**

Antes de comulgar, nos saludamos unos a otros pidiendo al Señor que nos dé su paz y que sepamos hacer las paces con nuestros hermanos. Al dar la paz decimos:

- **La paz sea contigo.**
- **Y contigo.**

Mientras el sacerdote parte el Pan, nosotros cantamos:

Cordero de Dios, que quitas el pecado del mundo,
ten piedad de nosotros.
Cordero de Dios, que quitas el pecado del mundo,
ten piedad de nosotros.
Cordero de Dios, que quitas el pecado del mundo,
danos la paz.

El sacerdote nos muestra el Cuerpo y la Sangre del Señor diciendo:

Este es el Cordero de Dios que quita el pecado del mundo.
Dichosos los invitados a la cena del Señor.

Nosotros respondemos: **Señor, no soy digno de que entres en mi casa,**
pero una palabra tuya bastará para sanarme.

Estas son las palabras que dijo un soldado romano que creyó en Jesús.

Con esas mismas palabras, nos preparamos para recibir a Jesús en el banquete de la Eucaristía.

El sacerdote nos da el Pan consagrado mientras dice a cada uno:

El Cuerpo de Cristo.

Cada uno de nosotros responde: **Amén.**

Cuando el sacerdote nos da a beber el Vino consagrado dice:

La Sangre de Cristo.

Cada uno de nosotros responde: **Amén.**

Mientras dura la comunión podemos cantar.

Después, oramos unos momentos en silencio.

El sacerdote dice luego una oración en voz alta y nos despide con la bendición:

Sacerdote: El Señor esté con vosotros.
Pueblo: **Y con tu Espíritu.**

Sacerdote: **La bendición de Dios todopoderoso,**
Padre, Hijo ✠ y Espíritu Santo.
descienda sobre vosotros.
Pueblo: **Amén.**

La Eucaristía ha terminado.

Oraciones del cristiano

ORACION DE LA MAÑANA PARA OFRECER A DIOS EL DIA Y EL TRABAJO

- Por la señal de la Santa Cruz, de nuestros enemigos líbranos, Señor Dios nuestro.
  En el nombre del Padre y del Hijo y del Espíritu Santo. Amén.

- ¡Oh Dios, tú eres mi Dios, por ti madrugo,
  mi alma está sedienta de ti!
  Tu gracia vale más que la vida.
  Toda mi vida te bendeciré.
  Gloria al Padre y al Hijo y al Espíritu Santo.
  Como era en el principio, ahora y siempre, por los siglos de los siglos. Amén.

- Ayúdanos, Señor, para que, en este día que comienza, hagamos cosas que te agraden a Ti.
  Danos tu gracia, Señor.

- Haz que sirvamos hoy a los demás, sobre todo a los más necesitados.
  Danos tu gracia, Señor.

- Concédenos hoy la alegría de vivir y de descubrir las cosas buenas que hay en las personas que nos rodean.

  Danos tu gracia, Señor.

- **Padre nuestro, que estás en los cielos...,**

ORACION DEL ATARDECER

- Por la señal de la Santa Cruz, de nuestros enemigos líbranos, Señor Dios nuestro.
  En el nombre del Padre y del Hijo y del Espíritu Santo. Amén.
- Proclama mi alma la grandeza del Señor,
  se alegra mi espíritu en Dios, mi Salvador;
  porque ha mirado la humillación de su esclava.

  Desde ahora me felicitarán todas las generaciones,
  porque el Poderoso ha hecho obras grandes por mí.

  Su misericordia llega a sus fieles
  de generación en generación.

  El dispersa a los soberbios de corazón,
  derriba del trono a los poderosos
  y enaltece a los humildes.

  Gloria al Padre y al Hijo y al Espíritu Santo.
  Como era en el principio, ahora y siempre, por los siglos de los siglos. Amén.

- Protege, Jesús, a tu Iglesia y a todos los hombres.
  Danos tu gracia, Señor.
- Concede a nuestros padres lo que te piden en sus oraciones.
  Danos tu gracia, Señor.
- Ayúdanos a trabajar con alegría y a acordarnos siempre de Ti.
  Danos tu gracia, Señor.
- Te pedimos por los que han muerto para que estén siempre contigo.
  Dales tu gracia, Señor.
- **Padre nuestro, que estás en los cielos...**

ORACION ANTES DE DORMIR PARA DAR GRACIAS Y PEDIR PERDON

- Gracias, Señor, por el día,
  que acabamos de vivir.
  Perdona, Padre, si en algo
  nos alejamos de Ti.
  Que nuestro corazón vele
  a la hora de dormir.
- Guárdanos, Padre nuestro, durante esta noche
  para que mañana, cuando comience el nuevo día,
  nos levantemos descansados y alegres
  para servirte a ti y a los demás.
  Te lo pedimos por Jesucristo nuestro Señor. Amén.

- Que Dios nuestro Padre nos conceda una noche tranquila. Amén.

(Al terminar, se pueden rezar algunas de la oraciones a la Santísima Virgen que se recogen a continuación.)

ORACIONES A LA SANTISIMA VIRGEN MARIA

• Ave María

Dios te salve, María,
llena eres de gracia,
el Señor es contigo,
bendita tú eres entre todas las mujeres
y bendito es el fruto de tu vientre, Jesús.
Santa María, Madre de Dios
ruega por nosotros pecadores
ahora y en la hora de nuestra muerte.
Amén.

• Salve

Dios te salve, Reina y Madre de misericordia,
vida, dulzura y esperanza nuestra,
Dios te salve.
A ti llamamos los desterrados hijos de Eva;
a ti suspiramos, gimiendo y llorando,
en este valle de lágrimas.
Ea, pues, Señora, abogada nuestra,
vuelve a nosotros esos tus ojos misericordiosos,
y, después de este destierro,
muéstranos a Jesús, fruto bendito de tu vientre.
¡Oh clementísima, oh piadosa, oh dulce Virgen María!

Bajo tu protección

Bajo tu protección nos acogemos,
santa Madre de Dios;
no deseches las súplicas
que te dirigimos en nuestras necesidades;
antes bien, líbranos de todo peligro,
oh Virgen gloriosa y bendita.

«Angelus»

Esta oración es un saludo a María, en el que recordamos a nuestra Madre el momento en que Ella dijo «sí» a Dios Padre, cuando el ángel le anunció que iba a ser Madre de Dios.

- El ángel del Señor anunció a María.
  Y ella concibió por obra del Espíritu Santo.

  Dios te salve, María, llena eres de gracia...

- «He aquí la esclava del Señor».
  «Hágase en mí según tu palabra».

  Dios te salve, María, llena eres de gracia...

- Y el Verbo se hizo hombre.
  Y habitó entre nosotros.

  Dios te salve, María, llena eres de gracia...

- Ruega por nosotros, Santa Madre de Dios,
  para que seamos dignos de alcanzar las promesas de Jesucristo.

- Oremos.

  Derrama, Señor, tu gracia sobre nosotros,
  que, por el anuncio del ángel,
  hemos conocido la encarnación de tu Hijo,
  para que lleguemos,
  por su pasión y su cruz,
  a la gloria de la resurrección.
  Por Cristo nuestro Señor. Amén.

BREVES ORACIONES TOMADAS DE LOS EVANGELIOS

- *«Señor, auméntanos la fe».*
- *«Señor, enséñanos a orar».*
- *«Quédate siempre con nosotros, Señor».*
- *«Señor, ten misericordia de mí».*
- *«Señor, tú tienes palabras de vida eterna».*
- *«Jesús, tú eres nuestro Señor y nuestro Dios».*

índice

JESUS ES EL SEÑOR

Hemos sido bautizados en el Nombre del Padre y del Hijo y del Espíritu Santo 6

Primera parte: QUEREMOS CONOCER A JESUS

• El Hijo de Dios vivió con los hombres

1. El pueblo de Israel esperaba al Enviado de Dios 14
2. Jesús, el Mesías, nació en Belén y vivió en Nazaret. 16
3. Jesús anuncia la Buena Noticia, el Evangelio 18
4. Jesús hace cosas admirables 20
5. Jesús dice: «Ven y sígueme» 24
6. Jesús es un hombre como nosotros 29
7. ¿Quién es este hombre? El secreto de Jesús 32

• Jesús murió en la Cruz pero ha resucitado

8. La Ultima Cena 35
9. Pasión y muerte de Jesús 38
10. Jesús al tercer día resucitó de entre los muertos 40

• El misterio de Dios

11. El Espíritu de Dios Padre y de Jesús 44
12. ¡Tú eres nuestro Señor y nuestro Dios! 47
13. El Padre, el Hijo y el Espíritu Santo son un solo Dios 48

Segunda parte: JESUS ESTA CON NOSOTROS

- **La Iglesia: los discípulos de Jesús**

14. Los discípulos de Jesús 50
15. Nosotros somos hoy los discípulos de Jesús 52
16. María, la Madre de Jesús, es también Madre de los cristianos 54
17. Nos encontramos con Jesús resucitado. Los Sacramentos de la Iglesia 57

- **La Eucaristía**

18. Escuchamos reunidos la Palabra de Dios 58
19. «Haced esto en conmemoración mía» 60
20. Jesús es el Pan de vida 63
21. Jesús se queda con nosotros 65

- **La Reconciliación o Penitencia**

22. Jesús nos trae el perdón de Dios Padre 66
23. La Iglesia nos perdona en nombre de Jesús 69

- **Caminamos con Jesús hacia un mundo nuevo**

24. Cielos nuevos y tierra nueva 71
25. Dios reunirá a todos sus hijos en el cielo 73
26. Los hombres podemos decir «no» al amor de Dios Padre 74
27. Los santos: amigos de Dios para siempre 75
28. Dios Padre quiere que transformemos este mundo 76

- **La oración de la Iglesia**

Ritual del Sacramento de la Reconciliación o Penitencia . . . 80
Ritual de la celebración de la Eucaristía 87
Oraciones del cristiano 103